高职院校学生
通用职业能力培养教程

主　编　张洪冲　孙天才
副主编　兰海涛　何　进　孙小恒

西南师范大学出版社
国家一级出版社　全国百佳图书出版单位

图书在版编目(CIP)数据

高职院校学生通用职业能力培养教程/张洪冲,孙天才主编.—重庆:西南师范大学出版社,2010.8(2020.8 重印)
ISBN 978-7-5621-5001-5

Ⅰ.①高… Ⅱ.①张… ②孙… Ⅲ.①大学生—职业教育—高等学校:技术学校—教材 Ⅳ.①G717.38

中国版本图书馆 CIP 数据核字(2010)第 155873 号

高职院校职业素质教育丛书

高职院校学生通用职业能力培养教程

总主编:张亚杭

主　　编:张洪冲　孙天才
副 主 编:兰海涛　何　进　孙小恒
责任编辑:曾　艳
书籍设计:CASTALY 尚品视觉 周　娟　刘　玲
出版、发行:西南师范大学出版社
(重庆·北碚　邮编:400715)
网　　址:http://www.xscbs.com
印　　刷:重庆升光电力印务有限公司
开　　本:787mm×1092mm,1/16
印　　张:8.75
字　　数:250 千字
版　　次:2010 年 8 月　第 1 版
印　　次:2020 年 8 月　第 4 次印刷
书　　号:ISBN 978-7-5621-5001-5
定　　价:29.00

编写委员会

编委会主任 张亚杭

编委会副主任 李海燕

编委会委员
唐继红
黄福盛
吴再生
李天和
游普元
韩治华
陈光海
宁望辅
粟俊江
冯明伟
兰 玲
庞 成

本套高职院校职业素质教育系列教材，是重庆工程职业技术学院国家示范性高职院校建设的系列成果之一。根据《教育部财政部关于实施国家示范性高等职业院校建设计划加快高等职业教育改革与发展的意见》(教高〔2006〕14 号)和《教育部关于全面提高高等职业教育教学质量的若干意见》(教高〔2006〕16 号)文件精神，重庆工程职业技术学院坚持育人为本，德育为先，把立德树人作为根本任务，大力推进"校企合作、工学结合"的人才培养模式改革，加强学生素质教育，促进学生健康成才，提升学校整体办学水平和办学效益。

本套系列教材拟出版《高职院校学生通用职业能力培养教程》、《高职院校学生就业与创业指导》和《高职院校学生职业素质教育理论与实践》。教材作者大多为高职院校长期从事学生教育管理工作的教师，对高职院校学生的特点和需求有较准确的把握，在工作实践中，也积累了丰富的服务学生、教育学生、管理学生的方法和经验。因而，系列教材具有较强的针对性、可操作性和可读性，体现了培养高素质的技能性人才的高职教育目标和要求。

我们希望这套系列教材的出版，能够配合国家的统编教材，培养学生的自我规划的科学性和社会适应性，教育学生树立终身学习理念，学会交流沟通和团队协作，提高学生的创造能力、就业能力和创业能力，为培养德智体美全面发展的社会主义建设者和接班人做出我们的贡献。

编　者

前言

《2008年全国教育事业发展统计公报》公布的数据显示:2008年,全国共有普通高等学校和成人高等学校2663所,其中,普通高校中本科院校1079所,高职专科院校1184所。高职院校的数量超过本科院校,占总数的44.46%。而高等职业教育的人才培养目标是以就业为导向,培养面向生产、建设、服务和管理第一线需要的高技能和高素质的人才。高等职业院校的飞速发展和人才培养目标的要求,使其毕业生在当前全球经济危机的影响下,就业压力不断增大,就业问题不断凸显。

在人才层次和数量的激烈竞争中,高职学生必须适应市场的不断变化并适时满足其需要。这就要求高职毕业生,不仅在专业技能方面有较高的水平,更重要的是要具备可持续发展的素质和能力,以适应未来社会飞速发展的需求。高职学生通用职业能力的培养就成为其职业发展的重要内容。

本书通过对企业、教师、学生的问卷调查和文献综述等方法提出了当前高职学生应当具备的6项通用职业能力,即学习发展能力、沟通交流能力、社会适应能力、解决问题能力、团队协作能力、创新能力,并以"要点指津"、"案例分析"、"自我测评"以及"资料链接"等特色板块,对各项能力的培养进行了生动系统的阐述,以期对高职学生通用职业能力的培养有所贡献。

本书由张洪冲、孙天才担任主编,兰海涛、何进、孙小恒担任副主编,丁志强、李国强、孙磊、尹然等参加了编写。其中"绪论"由张洪冲编写,"学习发展能力"由孙磊编写,"沟通交流能力"由张洪冲、何进编写,"社会适应能力"由丁志强编写,"团队协作能力"由兰海涛编写,"创新能力"由孙小恒编写,"打造高职学生就业竞争力"由尹然编写。我们衷心希望,本书中关于高职学生通用职业能力培养的理念、方法、思路能够对您有所启发。

本书是作者集体智慧的结晶,在写作中,作者参考了大量文献资料和网上信息,限于篇幅,不能一一列出出处,这里一并向有关专家、学者致以诚挚的谢意。我们还要感谢西南师范大学出版社为本书的编辑和出版所做的努力,感谢重庆工程职业技术学院罗来林老师和麻文燕老师前期的编辑和校稿工作。

最后,由于时间仓促,本书不足之处在所难免,我们真诚期待广大同行、专家和读者的批评指正,您的意见将会帮助我们不断完善。

本书编写组

目　录

CONTENTS

绪　论

2009 年，我国的高等教育毛入学率达到了 23%以上。按美国著名教育学者马丁·特罗提出、并已被举世公认的高等教育发展三阶段的说法，高等教育年毛入学率如果达到 15%～50%之间，则视为大众型高等教育，这意味着我国高等教育已经进入了大众型阶段。在大众化教育的语境中，高等教育寄托了广大人民的梦想，即希望通过教育来改变人生，在建设社会的同时获取个人利益的最大回报。

在高等教育的蓬勃发展中，高等职业技术教育的发展在近年尤为迅速。《2008 年全国教育事业发展统计公报》公布的数据显示：2008 年，全国共有普通高等学校和成人高等学校 2663 所。普通高校中本科院校 1079 所，高职专科院校 1184 所。高职院校的数量超过本科院校，占总数的 44.46% 。占高校近半壁河山的高职院校在当前全球经济危机的影响下，其毕业生就业压力增大，就业问题也不断凸显。如何帮助高职生提高核心竞争力，积极迎接就业挑战，也就成为高职院校亟待解决的问题。

高等职业教育的人才培养目标是以就业为导向，培养面向生产、建设、服务和管理第一线需要的高素质高技能人才。一方面，高职学生的工作岗位多在生产和服务第一线上，而第一线岗位是随着科技进步、产业结构调整、生产和服务水平的提高而不断变化的，这就要求从事每一个岗位的人员素质能按需提升；另一方面，高职学生面对人才层次和数量的激烈竞争，必须适应市场的不断变化并适时满足其需要。因此，对高职毕业生而言，不仅要在专业技能方面有较高的水平，更重要的是要具备可持续发展的素质和能力，能够应变和发展。这就要求高职院校在培养学生职业能力的同时，应注重学生的通用能力培养，这样才能适应未来社会发展的需要。

一、通用职业能力的概述

(一)能力、职业能力、通用职业能力

1.能力的含义

“能力”在《现代汉语词典》中的解释是“能胜任某种工作的主观条件，或做事的本领”。从心理学的角度讲，“能力”是直接影响活动效率，使活动顺利完成的个性心理特征。对于这一概念的理解，需要从两个方面加以说明：首先，能力是和活动紧密联系的，离开了具体活动，能力就无法形成和表现。一个有绘画能力的人，只有在绘画活动中才能施展自己的才能；一个教师的组织能力，只有在教学活动中才能显示出来。我们只有通过活动才能了解一个人能力的大小。高职教育以能力为本位，也就必然要以活动为载体，在活动中培养动手能力、分析解决实际问题的能力。其次，能力是顺利完成某项活动直接有效的心理特征，而不是完成某项活动的全部心理特征，因为成功完成某项活动受许多主客观因素的影响，如知识经验、性格特征、兴趣爱好等。因此，高职教育又不能简单地从培养几项具体能力出发，而要重视“人的全面发展”。这就引出了另一问题，即关于“职业能力”的问题。

2.职业能力的含义

什么是职业能力？职业能力是在职业活动中发展起来的，直接影响职业活动效率，使职业活动得以顺利完成的心理特征。职业能力一方面要在职业活动中形成和发展，并在职业活动中表现出来；另一方面，从事某种职业又必须以一定的能力为前提。简单说，职业能力就是从事某种职业必须具备的专门的能力，其强调专业的应用性和针对性。所谓隔行如隔山，就是说职业不同，所具备的职业素质能力不同，从事脑力劳动与从事体力劳动不同，工农商学兵，各有所长。

3.通用职业能力的含义

对于通用职业能力，国际职业教育界基本达成共识，是指一项可转换的能力，不是针对某一具体的职业，而是从事任何职业的任何职业人要取得成功都必须具有的能力，是一种超越具体职业的、可广泛迁移的，对人的终身发展起着重要作用的能力。例如，与人沟通、合作能力，不论从事什么职业都离不开与人的沟通和合作，不具备这一能力的人，从事什么职业都难以胜任。它强调的是当职业岗位发生变更时，劳动者所具有的这一能力依然起作用；它能够帮助劳动者从容应对由于经济发展、产业结构变化可能带来的职业转换，能够在新的变化的环境中迅速地重新掌握新的职业技能和知识。因此，通用职业能力和职业能力是内涵完全不同的两个概念。

通用职业能力在澳大利亚被称之为“Key Competencies”（关键技能），英国称之为“Common skills”（通用技能）或“Core skills”（核心技能），美国称之为“Foundational skills”（基本技能）。

加强对高职学生通用职业能力的培养，已成为当今世界各国职业教育改革的重要方向。

(二)通用职业能力的基本特征

1.职业性。通用能力是指从事职业活动需要的通用能力，侧重于其在职业活动中的具体应用。其培养应以社会需求和人才市场需要为导向，以专业技能学习为主线。

2.超越性。不是某一种职业专门要求的能力，而是超越所有具体职业的基本能力。

3.层次性。通用职业能力不是单一的几种能力，而是多方面、多层次、多领域的复合体，体现层次结构。这也体现了现代职业发展的方向。

4.个体性。对于不同的个体，既有能力指向目标的多样化差异，又有能力水平高低的随机性差异。学生基本职业能力的目标指向、水平层次是与个人的性格、兴趣、爱好和需要等密切相关的，这是倡导对学生进行个性化教育与因材施教的基础。

5.可迁徙性。有两重含义，一方面随着社会的发展和科技的进步，通用职业能力的内容处于不断的发展和变化之中，由于生产力的提高，人类不断开辟新的生产领域，新的职业能力也就随之产生，旧的职业能力则得到进一步充实与完善；另一方面个人的职业岗位不可能终身不变，岗位发生变化，对个体的能力要求也随之变化，而且能力水平也要求不断提高。通用职业能力是可随之而变动和迁徙的。

(三)通用职业能力的构成

1.国外通用能力的构成

(1)德国的“三大关键能力”。20 世纪 70 年代，德国劳动和社会学家梅尔腾斯从未来社会劳动力需求的角度出发，强调培养人可持续发展的能力，提出了“关键能力”

(Key competencies)的概念，并强调这一能力是个体进入日益复杂和不可预测的世界的工具，是促进社会变革的一种策略。关键能力可分为三个方面：一是专业关键能力，指从事各种专业都必须具有的基础能力；二是方法关键能力，指具备从事职业活动所需要的工作方法和学习方法；三是社会关键能力，指个体从事职业活动所需要的行动能力。

(2)英国的“六项核心技能”。英国自20世纪80年代起开始研究和开发核心技能并逐步进入实施阶段，至今已经得到政府、企业、各类职业培训机构的广泛重视和认同，并以各种形式融入各级各类培训或教育中。英国已经制定了核心技能的国家标准体系，由六项核心技能组成，每项技能分成五个等级，每个等级具有若干要素。这些核心技能是：交流、数字运用、信息技术、与人合作、提高自我学习和增进绩效以及解决问题的能力。

(3)澳大利亚的“八项关键能力”。关键能力并不是专为就业技能而设计的能力，而是新世纪的公民在学习、工作、生活上都不可或缺的全方位基本能力。

(4)美国的“三项基本素质和五项基础能力”。美国劳工部发布的《关于美国2000年的报告》归纳综合了美国各行业对未来人才素质的要求并提出，为适应明天的发展，劳动者应具备三项基本素质和五项基础能力，其中三项基本素质是：听说读写算的基本素质、思维素质和道德素质；五项基本能力是：合理利用与支配各类资源的能力、处理人际关系的能力、获取信息并利用信息的能力、系统分析能力、运用多种技术的能力。目前，这些通用能力分类在美国学术界已得到广泛认可。

2.国内通用职业能力研究

近年来，通用能力培养问题越来越引起我国职业教育界的关注，认为通用职业能力作为重要培养目标不可或缺。不少学者致力于研究中国高职教育培养目标的职业能力的结构，提出通用能力(或核心能力)的概念及其内涵，并提出以下几种分析模型。

(1)三个同心圆模型。该模型认为，我国现阶段高等职业教育能力的培养目标应采取三个层次能力结构：一是职业岗位能力；二是专业基本能力；三是适用于所有职业的通用能力，其中，通用能力处于核心的地位，中间一层是专业基本能力，最外层是职业岗位能力。我国现阶段高职教育的能力培养目标定位首先应强调职业和职业岗位的针对性，尽量缩短学校与职场的距离，使毕业的学生能在最短的时间内适应特定职业岗位的要求，但同时要关注适用于所有职业的一般职业能力的培养，提高学生对经济社会发展的适应能力。

(2)冰山层次模型。这一模型也将职业能力分为三个层次，水面上露出的这一层是职业特定能力，在水面下直接支持这个特定能力的层次是行业通用能力，职业特定能力和行业通用能力比较容易观察到，然而更深层次的能力即核心能力则不太容易观察到。核心能力是隐形的，但是最宽厚的，承载着整个能力体系，是所有能力结构的基础。水下基础层次越宽厚，水面上显露的层次就越强大。对高职教育来说，核心能力培养非常重要。

(3)模块集合模型。在该模型中，每个职业包含三种类型能力模块，首先是特定能力模块，其次是可以和其他职业通用的基本能力模块，再次是与所有职业基本要求相一致的核心能力模块。核心能力模块是所有职业共有的。

以上各种表述有一个共同点就是承认职业能力的多层次性，承认通用能力(或核心能力)培养对于高等职业教育的必要性和重要性。同时不少学者还进一步研究了体现我国国情特点的通用能力内涵,如我国劳动保障部《国家技能振兴战略》课题组也提出了八项核心能力:交流表达、数字运算、革新创新、自我提高、与人合作、解决问题、信息处理、外语应用。

3.通用职业能力的构成

综合国内外研究成果,"高职学生通用职业能力培养"课题组列出了高职教育通用能力培养目标的15项指标,以此为内容设计了一份问卷调查表,在重庆部分高等职业学院和企业对学生、教师(含辅导员、班主任)和企业人力资源部主管四部分人员做了一次问卷调查,共发放问卷200份,有效回收学生问卷100份,教师(包括辅导员、班主任)问卷60份,企业人士问卷40份,设计了"不重要""较重要""很重要"三个选项,请被调查者根据自己的理解作出选择。选择"很重要"的达60%以上,如下表所示。

序号	能力指标	"很重要"选项百分比		
		企业评价	学生评价	教师评价
1	学习发展能力	72.2	73.1	89.5
2	信息应用能力	68.7	80.5	76.2
3	沟通交流能力	78.6	82.1	78.4
4	社会适应能力	65.9	74.5	69.8
5	解决问题的能力	69.5	74.8	75.5
6	团队协作能力	72.6	79.6	78.3
7	创新能力	64.8	74.0	72.5
8	自理自律能力	70.1	70.1	67.1
9	敬业耐劳能力	75.0	68.5	77.2
10	抗压能力	61.8	66.7	68.3

结果显示,学生、教师和企业人士高度认同通用职业能力的重要性。在排名前10的指标中课题组选择了"企业很看重、教师认同度较高、学生较欠缺"的7项指标,即:学习发展能力、信息应用能力、沟通交流能力、社会适应能力、解决问题的能力、团队协作能力、创新能力,构建了当前高职学生通用职业能力结构。其中,编者认为信息应用能力可依托高职院校普遍开设的《计算机基础与应用》课程培养,在本书中未作累述。故在本书中构建了高职学生必须掌握的6大通用能力结构。

二、通用职业能力是高职学生职业发展的基础

1.随着科学技术的高速发展和社会的不断进步,在现代社会的职业生活中,从职人员的专业知识和能力与产品一样,也有一个生命周期,据有关资料显示:知识的更新周期大约在3~5年。也就是说如果一个人不具有接受再教育的可持续发展能力,他目前所拥有许多有价值的知识和技能很快就会被淘汰。因此,获取知识的能力比获取知识的数量更为重要,学习能力的提高比吸收知识的数量更为重要,通用能力的发展比专业技能的掌握更为重要。高职学生只有具备了通用职业能力,才能够适应变化的环境,把握新的机遇,为职业的发展奠定良好的基础。

2.从就业的角度看,科学技术和社会生产力的飞速发展,使产业结构的变动更为频繁,市场竞争更为激烈,人们面临的失业和转岗压力更大。高职学生也不可避免地会面临失业、转岗、从业的循环过程。因此,高职学生应正确认识"一技在手,终身受

用”的传统观念，在能力的培养中，除了考虑具体行业和职业岗位的需要外，必须考虑日后会遇到的职业变更、技术更新及个人发展的需要，既要重视“专业技能”，又要重视“通用能力”的培养，以适应未来社会生活中职业的嬗变和知识更新的需要，为今后的发展和接受继续教育奠定一个较为宽厚的基础。

3.通用职业能力的培养势必有利于推动专业技能培养。强化高职学生通用职业能力的培养绝不是要削弱专业技能的培养，而是主张将通用职业能力培养与专业技能培养有机结合起来，将通用职业能力培养渗透到专业技能培养的过程之中，相辅相长，实现专业技能学习与通用能力培养的统一结合。

三、通用职业能力的培养贵在实践

高职学生是一个特殊的人才群体，是将科技优势转化为产业优势，促进社会积极快速发展，实现民族振兴的重要群体，是提升经济核心竞争力的关键力量。加强高职学生的通用职业能力培养，需要在全社会达成共识，需要高职院校义不容辞担当起责任，更需要高职学生自身有迫切意识，积极投身实践，在实践中培养通用职业能力。

1.积极参与通用职业能力培养课程教学改革实践。高职院校在拓宽专业面构建课程体系时，已在充分考虑知识经济和经济全球化对人才的素质要求。一方面要扩大学生专业知识面，具有相关领域的知识和技术；另一方面要增加通用职业能力培养的相关课程数量和课时数。高职学生应抓住机会，积极投身课程学习实践，提升个性发展空间。

2.主动参与校企合作、产学结合改革实践。高职院校校企合作、产学结合办学正在不断加强，旨在让更多的企业人士参与办学，让专业教学更贴近企业实际，让培养的学生成为企业满意的合格人才。高职学生应充分发挥主观能动性，把握到企业学习实践的各个环节，提高职业岗位适应性，实现从学校到企业的“无缝对接”和“学生——职业人——社会人”的转化。

3.踊跃参加各级各类社会实践活动。社会实践是高职院校实践教学的重要组成，也是通用职业能力培养的有效途径。高职学生应踊跃参加志愿者活动、课题调研等形式多样的社会实践活动，通过“历”与“练”，提升面向社会发展、面向经济建设、面向行业需要的能力，使自己在未来的职业活动中更具有竞争力。

通用职业能力之一——学习发展能力

作为高职学院的学生，在今后的职业生涯中要想拥有一席之地，获得美好的职业前景，首先要具备的就是良好的学习能力。

在现实生活中，我们观察到有人学得很快，有人却学得既慢又辛苦，原因何在？其关键就在于学习能力的高低。

什么是学习能力呢？简单地说，学习能力就是怎样学习的能力，是在环境和教育的影响下形成的、概括化了的经验。它直接决定了人在进行学习活动时的成效，决定了学习活动的成功概率。学习能力的强弱决定了你能否把更多未知的知识变为已知，能否更好地把自己的头脑充实起来。

学习能力就是要求个人不仅要学习宽泛博学的知识，还要学会学习的方法，树立终身学习的理念，与时俱进。一个人的学习能力往往决定了一个人竞争力的高低，也正因为如此，无论对于个人还是对于组织，未来唯一持久的优势就是有能力比你的竞争对手学习得更多更快。所以管理大师德鲁克说："真正持久的优势就是怎样去学习，就是怎样使得自己的企业能够学习得比对手更快。"学习也是一种生存能力的表现，通过不断的学习，专业能力需要不断提升，这就需要学习能力相配合，所以不论处于职业生涯的哪个阶段，都不应该停止学习。因为在职业生涯发展中，需要胜任工作的能力和能够迅速取得新能力的方法。为了求生存和求发展，每个人都必须不断学习那些自然和本能没有赋予他的生存技术，而为取得新的生存技术就必须不断学习。如果停止学习，必定会落后于人，而在当今社会里，落后就会被淘汰。

凡事不进则退，维持现状不过是虚话。在这个竞争激烈的世界里，周围强者环伺，你的对手，你的同行，无不兢兢业业，日夜精进。他们深深知道，为了取得优势就必须改善自己加强学习。如果身边的人一日千里，而我们却选择原地踏步，两相对照，其实是等于拱手认输。

而学习并不是一件简单的事，不仅要有虚心学习的态度，还要有科学的学习方法。我们需要向别人、向世界学习的内容很多，包括科技、文化、管理、经济、政治、军事、艺术等等。在学习的问题上不应先入为主，不应有禁区，用邓小平同志的话说就是要"将人类进步的一切成果为我所用，同时也要反对不切实际地照抄照搬外国的东西"。"橘生淮南则为橘，生于淮北则为枳"，我们在学习上不应该不问条件地照搬照抄，而应该根据自身的实际情况来提取其可用的东西。

只有不放弃学习，才能紧跟时代。只有提高学习能力，才能服务于时代。

要点指津

要点一：基于工作岗位的学习观

学习的目的在于工作，不要把学习看成仅仅是专业能力的学习，明确工作岗位即确定自己今后的职业方向则是更重要的学习。要知道，我们现在所学习的每一项知识都会成为以后我们在工作中取得进步和成功的保障。因此在学校学习的过程中，就需要形成基于工作岗位的学习观，要把"学习的目的在于工作"贯穿在我们的学习意识中。

（一）做好职业规划

在这个世界上，通向成功的道路何止千万条，但你要记住，所有的道路不是别人给的，而是你自己选择的结果。你有什么样的选择，也就有了什么样的人生。你有什么样的职业选择，你就拥有什么样的职业生涯。你今天的现状是你几年前选择的结果，你今天的选择决定你几年后的职业状况。成功者与失败者的区别在于，成功者选择了正确的方向，而失败者选择了错误的方向，因此我们经常能够看到一些基础相差无几的人由于选择了不同的方向，职业生涯迥然不同。人们之所以做出了错误的选择，是因为没有能力作出正确的判断，就如同我们在考场上遇到自己不会做的选择题，只能根据自己的判断去瞎猜。

（二）明确学习目标

有了一定的职业规划，才能明确自己的学习目标。做任何事情，都必须要有一个明确的目标。明确自己的目标是成功的第一原则，明确的目标可以创造奇迹，反之，目标的丧失也可能会毁掉一切可能出现的奇迹。

秦时，有一个叫刘季的人被派到咸阳服劳役，远远地看见了秦始皇浩浩荡荡的出游队伍，长叹一声道："嗟乎，大丈夫生当如此也。"10 年后他开创了一个立国 400 余年的朝代——汉朝，史称他为汉高祖。

刘季，也就是刘邦。

50 年前，在遥远的英伦三岛，有一位幼儿园老师布罗迪突发奇想，让他所教的皮特金幼儿园 B(2)班 31 位同学写了一篇作文，题目叫：未来。孩子们对自己未来的设想千奇百怪，五彩缤纷。比如：有个叫彼得的小家伙说，未来他是海军大臣，因为有一次他在海中游泳，喝了 3 升海水都没有被淹死；还有一个说，自己将来必定是法国总统，因为他能背出 25 个法国城市的名字，而同班的其他同学最多只能背出 7 个；最让人称奇的是一个叫戴维的小盲童，他认为，将来他必定是英国的一个内阁大臣，因为在英国还没有一个盲人进入过内阁。

总之，31 个孩子都在作文中描述了自己的未来。有当驯狗师的，有当领航员的，有当王妃的，五花八门，应有尽有。50 多年过去了，布罗迪老师一直保存着这些作文本。他决定把这些本子重新发到同学们手中，让他们看看现在的自己是否实现了 50 年前的梦想。当地一家报纸得知他这一想法，为他发了一则启事。没过几天，书信像雪花般向布罗迪飞来。在这些来信中，有一封内阁教育大臣布伦克特的信，他在信中说，"那个叫戴维的人就是我，感谢您还为我们保存着儿时的梦想。不过我现在已经不需要那个本子了，因为从那时起，我的梦想就一直在我脑子里，我相信自己一定能够实现这个梦想。50 年过去了，可以说我已经实现了那个梦想。今天，我还想通过这封信告诉我其他的 30 位同学：只要不让年轻时的梦想随风飘逝，成功总有一天会出现在你的面前。"

目标还不是现实，只是存在人头脑中的一种想法，它为什么如此重要？因为这种想法能给你很多东西：目标能给你指引方向，知道自己该做什么不该做什么。立志进入世界500强企业的学生在选择专业方向的时候不会犹豫不决，把短期目标定为提高英语成绩的人知道他该把大量时间放到英语上，把人生目标定为做一名政界领袖的人就会主动地去阅读历史、政治和人物传记方面的书籍，关心时事政治。没有目标的人则在面临多种选择的时候摇摆不定，难以取舍，无法专心从事某一件事情，最终一事无成。

所以，当你感到学习困难重重，不知如何下手，经过努力之后不知自己的努力是否取得了成效，你就拿你的目标做一个对比，看看每个具体的项目与目标相比还有哪些差距。所以，如果你的学习还没有目标，那么必须尽快制订一个。没有明确的目标，你不可能获得最后的胜利，甚至无法坚持到最后。

目标可以分成三个层次：远期目标、中期目标和短期目标。制订目标的时候，必须很好地把这三个层次结合起来。

你的长期目标应该制订得尽可能长远，那将激起你为伟大事业奋斗的雄心；中期目标应该高于你的现状一个档次，那将使你能够拥有足够的提升空间和不懈的动力；而短期目标则应该限定在自己力所能及的范围内，能够迅速付诸实施，通过一个又一个短期目标的实现来获得成就感。

那么有什么方法可以帮助我们理清我们的目标和方向呢？这里给大家推荐一个方法。

在某个安静的下午或者晚上，确保你有比较充裕的时间静下心来，仔细地回答以下的问题：

1.当你没有任何压力的时候，你最想做的是什么事情？

2.在你去世的时候，你最高兴自己做成了什么事情？想象在你的追悼会上，你最希望别人如何评价你？假如由你来为你的一生写一个墓志铭，你愿意写下哪些内容？

3.做什么样的事情会让你感到内心很充实？

4.你经常想总有一天你会成为一个什么样的人？你经常想总有一天你会从事什么职业？

5.生活和职业中有什么事情会让你痛苦？（人们经常为背离了自己的价值观而感到痛苦）

对于这些问题的回答，应该是发自你的内心，而不是你认为应该做的或者是你的父母亲朋希望你去做的。通过对这些问题的回答，相信你会对自己的学习目标确定有一个初步的认识。

接下来，根据学习目标的三个层次可以制订一个切实可行的计划。这样一个计划一定要保证它的有效性，而不会是虚无缥缈无法实现的。

学会根据最重要的目标来判断其他目标。想到什么目标不妨先写下来。起初，你没必要判断这些目标是不是能够实现，也不要管它们是长期的还是短期的。把能想到的都写下来后，再对照你的学习目标仔细地检查一下。

如果你发现这些目标之中有什么与你的学习目标和你的理想不符合，一般来说你可以有两种选择：

1.把它去掉、忘掉；

2.重新评估你的学习目标，考虑改写。

二者必居其一。

要点二:充满热情地学习

(一)热情可以激发你的最大潜能

热情是支撑生命的元素,是完成一切伟大事业不可缺少的动力。有了热情奇迹才可能创造出来,没有热情,再伟大的奇迹也将被慢慢侵蚀,直至毁灭。

学习当然也需要热情。关键在于内心的冲动、想要取得学习成功的冲动,唤醒你心中的巨人。

意大利文艺复兴时期著名艺术家米开朗基罗73岁的时候已经衰老不堪。在床上难以起身。教皇的特使来到他的床前,请他去绘制西斯廷教堂圆顶壁画。他思量再三,终于同意了,但却提出了一个奇怪的条件:不要报酬,因为他觉得自己最多只能干几个月,如果运气足够好的话可以干一两年。既然注定无法完成,也就不应该索取报酬了。

教皇同意了这个条件。于是,这个七十多岁的老人起了床,颤巍巍地来到教堂,徒手爬上五层楼高的支架,仰着头创作,从此一发而不可收,竟然越画越有干劲,体力与智力越来越好。教皇老死了,换了一个新教皇,他还在画,新教皇死了,又来一个新教皇,新教皇又死了,一直死了三个教皇,他还在画。他足足画了16年,到他89岁的时候,终于完成了这项永载史册的艺术巨作。

最后一次走下支架的米开朗基罗显得容光焕发,他兴奋极了,穿上厚重的骑士铠甲,手持长矛,骑上战马,像个疯子一样到旷野中奔驰,欢呼自己的胜利。

在完成这项任务以后不到一年,米开朗基罗去世了。

这个小小的故事中,米开朗基罗创造了两个奇迹,一是艺术史上的奇迹——西斯廷教堂圆顶壁画,一是生命的奇迹,一个垂死的老人不可思议又活了16年,而且越活越精神。是什么力量让米开朗基罗完成了这两个奇迹呢?答案很简单——热情,创作的热情。

热情会提高你的学习效率,科学研究表明,缺乏热情的人工作和学习的时候比充满热情的人更容易感到疲倦、更难以集中注意力。如果你一直把学习看成一件死气沉沉的事情,你的学习效率必然低下。

美国实用主义哲学家爱默生做了一个非常简明扼要的概括:“有史以来,没有任何一件伟大的事业不是因为热情而成功的。”

有一位商界成功人士曾经这样总结自己成功的经验,他把热情的作用说得更加清晰明了:“我越老越更加确定热忱是成功的秘诀。成功和失败的人在技术、能力和智慧上的差别通常不大,但是如果两个各方面都差异不大,具有热忱的人将更能如愿以偿,一个能力不足,但是具有热忱的人,通常会胜过能力高强,但是欠缺热忱的人。”

(二)怎样获得对学习的热情

热情的源泉,当然是越崇高越好,像班超那样为国家强大而拼搏当然最好。但是,应该尊重每个人的价值取向,每个人都可以根据自己的喜好寻找属于自己的奋斗的热情。并不一定需要整齐划一地为了国家强大民族振兴而奋斗,这样要求少部分觉悟高的人可以,要求所有人都这样就不太现实。而且,伟大的成就不一定非得需要多么高尚的激情不可,关键是要有热情,这种激情是真诚的而不是虚假的,是旺盛的而不是虚弱的,这就行了。

著名的"童话大王"郑渊洁一生创造的童话数量超过了安徒生，拥有数千万读者，他在接受电视台采访的时候，记者问他为什么选择当一名作家，他就说："那时候我还没有结婚，我就想写作出名赚钱，娶个老婆。所以我就是为了娶老婆而忘我地写作。"

英国著名诗人和剧作家王尔德创作的时候一定要把文坛对手的照片摆在面前，才能写出好作品，是出于对对手的仇视才激起了他创作的热情——尽管这显然只是他创作热情的一部分。而越王勾践卧薪尝胆，则是把耻辱感作为热情的来源。

挣钱、成家立业、竞争、亲情……都可以作为热情的来源，并且确实有人靠着这样的激情取得了巨大的成就。我们也要善于在学习和生活中去发现属于自己的热情，可以好好想想父母对你的爱，想想将来找个好工作以后的美好生活，可以寻找某人作为自己的竞争对手和他较劲……只要能真的令自己激情澎湃，而不是一些假大空的东西就可以，从而为自己的学习进步提供不懈的动力。

(三)对成功的幻想可以唤起热情

在管斌全的《学习成功——中学生成就梦想的15堂必修课》中讲了一个教授如何激起一个叫林刚的学生的学习热情的故事。他先让林刚明确了自己奋斗的目标——考上北京大学，然后，让林刚拿起笔写下自己如果真的能考上北京大学，可以获得哪些美好的前景，于是林刚构思了很久，写道：

1.让所有认识我的人对我刮目相看。

2.为自己争气，为爸妈脸上争光。

3.成为65中历史上第一个考取北京大学的学生。

4.找到一份挣大钱的工作。

5.领略燕园的秀美风光。

6.游故宫，逛天安门，爬长城。

7.接受最好的高等教育。

8.对那些看不起我的人说："我是最棒的！"

9.观看2008年北京奥运会。

10.获得足够的自信，我有信心去实现其他的目标。

一个中学生写的这十点让我们看着都能感受到考上北大是一件多么令人向往的事情，作为在校的大学生我们也不妨做出一个构思"假如我可以学有所成，那么……"我们可以把目标想得很好很美，尽管前进路上的挫折远远比我们想象的要多，但是，正是这种幻想让我们在面对失败、寂寞、单调的时候，总是对未来充满希望，总是能鼓起战胜困难、获得成功的热情。

人总是生活在现实中，但人也总是生活在自己的思想中。你勇敢地把自己想象成为一个已经获得成功的人士，实际上你就已经获得了成功的喜悦、获得了成功的信心，并获得了不断成功的渴望。尽情地想象，才能尽情地奋斗，才能不断把梦想变成现实，并在一个更高的基础上做更新更美的梦，从中体会到成功的乐趣。

要点三:树立积极的学习心态

生活中，失败平庸者多，主要是心态有问题。遇到困难，他们总是挑选容易的倒退之路。"我不行了，我还是退缩吧。"结果陷入失败的深渊。成功者遇到困难，仍然保持积极的心态，用“我要！我能！”“一定有办法”等积极的意念鼓励自己，于是便能想尽办法，不断前进直至成功。

在拿破仑·希尔创立的成功学中，积极的心态在整个理论体系中居于核心地位，并有精辟的论述。他还专门创立了两个关于心态的专用缩写“PMA”和“NMA”，现在，这两个缩写已经成为成功学领域的通用术语。

拿破仑·希尔说：“一个人能否成功，关键在于他的心态。”成功人士与失败人士的差别在于成功人士有积极的心态，即 PMA（Positive Mentai Attitude）。而失败人士则习惯于用消极的心态去面对人生。消极的心态，即 NMA（Negative Mentai Attitude）。

成功人士运用 PMA 黄金定律支配自己的人生，他们始终用积极的思考、乐观的精神和辉煌的经验支配和控制自己的人生；失败人士是受过去的种种失败与疑虑所引导和支配的，他们空虚、猥琐、悲观失望、消极颓废，最终走向了失败。

运用 PMA 支配自己人生的人，拥有积极奋发、进取、乐观的心态，他们能乐观向上地正确处理人生遇到的各种困难、矛盾和问题。运用 NMA 支配自己人生的人，心态悲观、消极、颓废，不敢也不去积极解决人生所面对的各种问题、矛盾和困难。

塞尔玛陪伴丈夫驻扎在一个沙漠的陆军基地里。丈夫奉命到沙漠里去演习，她一个人留在陆军的小铁皮房子里，天气热得受不了——在仙人掌的阴影下也有华氏 125 度。她没有人可谈天——身边只有墨西哥人和印第安人，而他们不会说英语。她非常难过，于是就写信给父母，说要丢开一切回家去。

她父亲的回信只有两行，这两行信却永远留在她心中，完全改变了她的生活：

两个人从牢中的铁窗望出去，一个看到泥土，一个却看到了星星。

塞尔玛一再读这封信，觉得非常惭愧。她决定要在沙漠中找到星星。塞尔玛开始和当地人交朋友，他们的反应使她非常惊奇，她对他们的纺织、陶器表示兴趣，他们就把最喜欢但舍不得卖给观光客人的纺织品和陶器送给了她。塞尔玛研究那些引人入迷的仙人掌和各种沙漠植物、物态，又学习有关土拨鼠的知识。她观看沙漠日落，还寻找海螺壳，这些海螺壳是几万年前，这沙漠还是海洋时留下来的……原来难以忍受的环境变成了令人兴奋、流连忘返的奇景。

是什么使这位女士内心发生了这么大的转变呢？

沙漠没有改变，印第安人也没有改变，但是这位女士的念头改变了，心态改变了。一念之差，使她把原先认为恶劣的情况变为一生中最有意义的冒险。她为发现新世界而兴奋不已，并为此写了一本书，以《快乐的城堡》为书名出版了。她从自己造的牢房里看出去，终于看到了星星。

有些人总喜欢说，他们现在的境况是别人造成的，环境决定了他们的人生位置。这些人常说他们的想法无法改变。但是，我们的境况不是周围环境造成的。说到底，如何看待人生，由我们自己决定。纳粹德国某集中营的一位幸存者维克托·弗兰克尔说过：“在任何特定的环境中，人们还有一种最后的自由，就是选择自己的态度。”

马尔比·D·马布科克说：“最常见同时也是代价最高昂的一个错误，是认为成功有赖于某种天才、某种魔力、某些我们不具备的东西。”可是成功的要素其实掌握在我们自己的手中。成功是运用 PMA 的结果。一个人能飞多高，并非由人的其他因素决定的，而是由他自己的心态所制约。

拿破仑·希尔告诉我们，我们的心态在很大程度上决定了我们人生的成败：

1.我们怎样对待生活，生活就怎样对待我们；

2.我们怎样对待别人，别人就怎样对待我们；

3.我们在一项任务刚开始时的心态就决定了最后将有多大的成功，这比任何其他因素都重要；

4.人们在任何重要组织中地位越高，就越能找到最佳的心态。

难怪有人说，我们的环境——心理的、感情的、精神的——完全由我们自己的态度来创造。

普天之下，芸芸众生，莫不渴望实现自身的价值，莫不渴望致富，莫不渴望成功。但是，如何捕获成功，通向成功之路的起点在哪里呢？人们都在默默寻找。

拿破仑·希尔告诉人们，要想成功，首先应该认识你的隐形护身符。我们每人都佩戴着隐形护身符，护身符的一面刻着PMA(积极的心态)，一面刻着NMA(消极的心态)。这块隐形护身符具有两种惊人的力量：它既能吸引财富、成功、快乐和健康，又能排斥这些东西，夺走生活中的一切。这两种力量的第一种是PMA，它可以使人登峰造极，而第二种力量是NMA，它使人终身陷在谷底，即使爬到巅峰，也会被它拖下来。

那么，心态是如何影响人的呢？按照行为心理学来说，当你有一种信念或心态后，你把它付诸行动，就更能加强并助长这种信念。

举例来说，你有一个信念，就是你能够很好地完成自己承担的工作，这时你会觉得在工作中很有信心，你常常这样想，并在实践中想方设法去做好工作，信心就会更强。这就是你的行动加深了你的心态。又比如说你欣赏一个人也是这样的，你喜欢他，你就会主动与他沟通交往，之后你会不断发现这个人的优点，从而更喜欢这个人。这是情绪和行为相应的一种反应。同样，对于你自己，你很喜欢自己，或你很不喜欢自己，也是这样的。当一个心态存在以后，你的行为会加深它。所以有的时候孩子或女人，哭起来是越哭越伤心，这就是哭的行为促使她发泄情绪，彼此的因和果就混淆在一块了。

所以，当你认为自己是有能力的话，你就会觉得各方面只要经过自己努力就能取得成功。因为这个世界上没有任何人能够改变你，只有你能改变自己，也没有任何人能够打败你，也只有你自己。因此，无论你自身条件如何恶劣，只要你运用PMA，并将它和成功定律的其他定律相结合，就可能到达成功的彼岸。

要点四：学得越多，收获更多

在人的一生中，所有的东西都可以放弃，唯独学习不可以放弃，犹太人正是凭借着这样一种精神，才得以在外漂流了2000年后依然可以不断地繁衍生长，而且成为了世界第一的商家，这不能不说与他们在漂流过程中不断地积累知识这个资本有关。

据统计，获世界诺贝尔奖的科学家中有17%是犹太人，美国获诺贝尔奖的科学家中有27%是犹太人，美国每5个大学教师中有1个是犹太人，每5个大学生中也有1个犹太人，足见犹太人对科学和知识的重视。

犹太人一直认为知识本身就是一笔财富，但犹太人更看重的是如何将自己脑海中的知识转化为实实在在的物质财富，脑海中的知识，即人的知性，也就是人的智慧，因为智慧是打开幸福和财富之门的金钥匙。犹太人认为在人生最开始的阶段，从人刚刚诞生于这个世界之时，人就应该不断地为自己的脑子充实知识，而不应该一味地想先获得物质的财富，因为物质的财富如果得不到积累，得不到补充的话，将很快化为乌有，而如果在不断地积累知识的话，那么总有一天，我们所积累的知识就会成为我们的财富资本。看看世界上伟大的科学家们，除了爱因斯坦外，繁茂的哥廷根花园的缔造者弗兰克、两次改变了世界的伟人尼尔斯·波尔、“核和平之父”西拉德、“原子弹之父”奥本海默、“氢弹之父”特勒、天才物理学家费曼、吞噬细胞的权威梅契尼科夫、“控制论之父”维纳、“世界语之父”柴门霍夫等都是犹太人。犹太经济学家同样也不乏其人，大卫·李嘉图、萨缪尔森、阿瑟·伯恩斯、海尔·布隆纳、西蒙等一大批伟人都是犹太人。他们所探讨的经济学课题从商业循环到投入产出分析，从微观经济学到宏观经济学，范围甚广。

人们忍不住会怀疑这真是被希特勒追杀的犹太人吗？他们何以在漂流了几千年，在过了几千年没有家园、流离失所的生活后，依然可以产生这么多出类拔萃的人才呢？但是有一点我们不得不承认，人才的出现和这个国家这个民族平时的知识积累是离不开的，正是因为犹太人在他们的生活过程中不断地将他们的智慧累积下来，所以如今他们的财富也就随着他们的知识的积累而在不断地增加。那么我们呢？在我们盲目追求财富的同时，是不是应该停下脚步看看我们的知识是否已经跟随着我们甚至超越了我们呢？如果答案是否定的，那么即使现在我们的财富呈现着递增的趋势，但这只不过像股市一样只是一种暂时的现象，要想让我们的财富永远像指数函数一样地递增，那我们就必须保证我们的精神食粮也呈现指数变化，甚至是比指数变化还要快，只有这样，我们才可以不断地为我们的财富增加资本。而犹太人对于知识问题，就如上一样，有一个相当实际的认识：只有知识才能够为财富增加资本，只有知识的积累才可以获得源源不断的财富。下面的例子就说明了这一观点：

有一次，一艘大船出海航行，船上的旅客尽是些大富翁，唯有一个人例外，他就是拉比。富翁们闲着没事，就互相炫耀自己所拥有的巨额财富。正当他们彼此之间争论得不可开交之时，那位拉比却说：“我觉得还是我最富有，只是现在我的财富不能拿给你们看。”半途中，海盗袭击了这艘船，富翁们的金银财宝等，全被抢掠一空。海盗们离去后，这艘船好不容易抵达了一个港口，但已没有资金继续航行了。下船后，这位拉比因其丰富的学识和高尚的人格，立刻受到居民的器重，被请到学校里去教导学生。过了一段时间，这位拉比偶然遇上那些曾经同船旅行的富翁：如今，他们都已陷入朝不保夕的凄凉境地。富翁们深有体会地对拉比说：“你以前讲得一点不错，一个有学问的人，等于什么都拥有。”

这个故事就告诉我们，那些客观地可以拿出来给人看的金银财宝或是其他的财富，很容易被他人抢走，或是在不经意间随风飘去，只有知识这种无形的东西，才可以永远地保存在我们的脑海中，而不会也不能被他人夺去。因此当外界的财富全都被人剥夺一空的时候，至少我们的脑子还是满的，而这样的知识就可以不断地为我们创造财富。正如这位拉比一样，他一开始说他的财富现在不可以给那些富翁们看，当强盗把富翁们的一切抢夺一空之后，富翁们过着朝不保夕的生活，而拉比则凭借着自己丰富的学识，创造了许多的财富。拉比的亲身经历，让富翁们深刻地体会到了一个有学问的人，就拥有了整个世界。通过这样一个普通的故事，聪明的犹太人就得出如下的结论：由于知识可以不被抢夺且可以随身带走，所以教育是最重要的。而犹太人更可贵之处在于当他们把这样的智慧存储在他们脑中之后，他们会时时地提醒自己要去运用这些智慧，更要不断地学习更多的智慧，为他们创造更多的财富，如此循环他们就拥有了世界上最宝贵的财富。

财富不可能凭空而来，有所投资，我们才可以收到回报，金钱的投资对于财富的获取而言是有限的，只有不断地去学习，去提升自己，让我们跟上甚至超越社会发展的步伐，让我们不断地积累着新的知识，这些知识才可以转变为获得财富的资本，我们才可以站在获得财富的最高境界——无资本投资。而且这样的投资并不会随着外界经济市场的变动而变动。因此，如果我们足够聪明，我们想永远不断地获得财富，就花费我们一辈子的时间去学习知识，让智慧充盈着我们的生活，这样才可以不断地为财富积累资本。

要点五：全面学习，身边皆是我师

爱默生说过一句话，大致意思是：在我生命中，我认识的每一个人，或多或少都是我的老师，因为我从他们身上学到了东西。其实这也就是孔子所说的“三人行必有我师”。每个人身上都有你值得学习的地方。尤其是他们与你生活在同一个环境中，大家做着相同的事情，你就更容易发现自己需要向他们请教的地方。

就业以后，你会发现，在公司时间稍稍一长，你就能感悟到学习的重要。并且，辅导你的人就在你身边，细细想来，公司每一位同事都极具特点，他们身上都有那么多值得学习的地方，而且每一天都在言传身教。不要自以为是地把同事分为好同事坏同事，或许他们任何人身上都有你所缺乏的特质。你肯定不怎么喜欢那些看起来没有你踏实，却会比你表现的同事。这是因为你站在自己的立场上，觉得自己没有得到足够的赏识和利益，所以不肯仔细去想。其实，是他们高超的与老板的沟通技巧、表现技巧使他们上升。你该不该向他们学习？事实上，当你对这些同事深表气愤的时候，你可能正被他们定义为“不会做人”，甚至被认为是长期不开心、情绪不稳定的消极同事。这点，你可曾想过：你需要做的不是评判同事的是非得失，而是尽力去发现他们的优点并学习。

你需要向同学以及今后的同事学习的东西很多，以下举几个例子来说。

学习体系。精通本职的一个方面已经很难，要精通所有的方面几乎就不可能。但也许你的某位同事最让人羡慕的就是他的体系感，并且他的体系感绝对不是浮在水面，而是深入到各方面的各细节。你需要知道为什么他能做到既全面又深入。要寻找除了聪明之外的其他原因，然后你自己也要尽力做到这一点。

学习归纳。如果你有某位同学有极强的沟通能力、现场解决问题能力、迅速学习据为己用的能力等，那么你就需要学习他的归纳能力了，对信息迅速归纳总结，转化为自己的东西并进一步提升，最终得到运用。这样会使得你更加具备认识的高度，当大家还在围城里打转时，你已经跳在云端俯瞰了。

学习效率。今后在你的公司中，必然有一位工作效率最高的同事，看看他是怎么做的。看看他的工作节奏，看他是不是没活干就闲着，看他的桌子书架……效率总是给有充分准备的人，看看你的同事，你就明白自己该怎么做。

学习细节。对于一个企业来说，生产是科学，产品是技术，管理则属于艺术，管理的最动人之处即是细节，细节就是“锦上添花”。学习将各个细节执行到位。只要你有心，总会发现同事身上的闪光点。遇上难题的时候，向他们讨教经验；平时无事的时候，留心学习他们的长处，完善自己。

专业的职业技能在很多优秀人才那里经常体现为：良好的时间管理能力、有效的沟通能力、高度的服务意识和让客户满意的能力、准确地分析问题与解决问题的能力等。而这些能力都是在不断的实践与学习过程中积累的。

从你今后的老板身上，你会学到很多对自己有益的东西，让自己尽量少走弯路。同时，他们的成功还可以激发你对事业更大的热情和干劲；我们每个人的体内都蕴藏着巨大的潜能，只是你可能不知道。可是一旦被外界的东西激发，它就会从酣睡中苏醒，促使你做出惊人的事业。

向老板学习，不仅要学习他们认识事物的方式，更重要的是要学会像他们那样去思考，以便取得他们已经取得的成功。而在此之前，至少，你会获得他们的青睐。

要点六：不断充电、终身学习

许多人碌碌无为的原因，在于他们没有意识到，在任何一个领域中达到专家水平的程度需要多久。这方面的许多研究表明，需要5～7年勤奋工作才能达到某个领域的顶端。这就意味着一个人在5～7年内要全神贯注，坚定不移地提高自己，在必要的关键领域中做得越来越好，才能取得相应的成果和回报。

走向成功的平台已经搭建，整个世界被连接在一起。每个人，都有成功的机会。不断学习，你可以成为所在行业里的专家。这条道路最直接，但却没有捷径。

如果你将此设为目标，制订计划，并为之努力，5～7年之后，你就能成为自己领域里前10%的人。你将成为本行业中报酬最高、最受尊重的人。你将拥有本行业中表现最出色的人应有的美好成就与回报。

其他人在某个领域中能够从没有任何经验或技能开始到最后表现出色，这个事实本身就证明你也可以在这个领域里表现出色。你要做的就是埋头忙碌，努力提高自己。今天就决心养成不断学习的习惯，将所有精力集中于跻身本领域中前10%的行列中去。

如果你想不断提高自己，那么你可以在每天把效率、表现和成果提高1%的1/10。

每天进步1%的1/10，可以转化为每周大约进步1%的1/2；

每周进步1%的1/2，相当于每个月进步2%；

每个月进步2%累积，每年效率、表现和成果将提高24%；

每年提高24%意味着2.7年后，你的效率、表现和成果将提高一倍。

以下是成功者的学习之钥：

1.每天阅读

中国人喜欢喝酒，每年在啤酒上的消费高于购买书籍，所以中国人的肚子往往大于脑子。如果你每天花30～60分钟阅读，那么一周你就可以阅读完一本书，每年就能阅读完50本书；如果你每年阅读完50本书，就相当于在本领域内获得一个实际的博士学位。如果你一年读完50本书，十年就是500本书，世界上平均每个人每年阅读不到一本书，那你将会获得多大的优势呢？

2.从专家那里学习

为了让自己提高的速度更快，你应该多参加一些和你的专业相关的讲座或培训课程。每年努力参加4～5次学校内或社会上的专家讲座，你会受益匪浅。专家除了授予知识和技能以外,还会有一种成功者的魅力,能够深深吸引你做一名事业成功者,使你在潜意识里督促自己努力。

3.善于提问

在古希腊时期,埃及港口城市亚历山大拥有全世界最大的图书馆,处于文化艺术发展的鼎盛时期,是世界的知识中心,是什么让它的文明空前繁荣呢?那就是:任何船只,都必须奉上随船书籍供抄录之用,否则不得入港。

可以效仿亚历山大古城的做法,向每一个走进你生活的人提问,期望发现新的观点、有用的信息和珍贵的经验,丰富你的知识储备。

4.独立思考

成功者提出的问题不断,但对答案并非道听途说,全盘接纳。信息本身并不具备太多价值,当你不假思索,连别人的结论也一并接纳时,它甚至具有相当的危害性。在你接收信息的过程中,要不断问自己:"它和我的前途、行业、生活有什么联系?"仔细验证信息的来源,看你自己是否会得出同样的结论。

5.迅速把握要点

未来并非属于学得最好的人,而是学得最快的人。懂得最多并不等于最有用、最重要。在某一领域的知识日趋重要,一位专家将能够认识到这项知识的重要性;并且在尽可能短的时间内,掌握其中的关键;同时在需要时予以更新,或者在必要时予以淘汰。有经验的专家总是不断地调整自己的知识结构。

6.打造再教育计划

正规教育几乎都由他人制定。但是从业后,可以控制学习计划,决定学什么,学多少。这意味着要设计自己的课程。

想在顷刻之间成就丰功伟绩,是不可能的事情。只有不断地学习,才能有助于一个人最后达到成功。知识是无价之宝,能使人们获得无限的财富。只有学习,才能获得知识。所以,一定要养成坚持学习的习惯,不断提高自己的学习能力,全面提升自己的自身素质,才能最终走向成功。

案例分析

案例一:主动学习,提高竞争力

有一家小公司被法国公司兼并后,公司新总裁宣布:公司不会随意裁员,但如果员工的法语太差,以致无法和其他员工交流,那么他很有可能被裁掉。公司将通过一次考试来检验他们的法语水平。当其他的员工都涌向图书馆,开始补习法语时,只有一位叫马彬的员工和往常一样没有表现出紧张的神情。其他人认为他可能已经放弃这个职位了。但是当考试成绩公布后,马彬的成绩却是最高的。

原来,马彬自从大学毕业来到这家公司后,就认识到:同别人相比自己无论是在知识上还是在经验上都没有特别突出的地方。从那时起,他就开始通过各种形式的学习来实现自我提高。公司的工作自然很忙,但是马彬每天都坚持学习新的知识和技能。因为是在销售部工作,他看到公司的法国客户有很多,但自己不会法语,每次与客户的往来邮件与合同文本都要公司的翻译帮忙,有时翻译不在或兼顾不上的时候,自己的工作就要受影响。虽然公司没有明文规定要学法语,但是马彬还是自觉地学起法语。

对马彬来说,公司被兼并这样的事情显然不是他所能决定的。但是他能够通过积极的学习，增加自己的技能，从而顺利地适应新任领导的要求。

案例二：不同的学习目标，不一样的人生之路

谭盾是一个喜欢拉琴的年轻人，可是他刚到美国时，却必须到街头拉小提琴卖艺来赚钱。事实上，在街头拉琴卖艺跟摆地摊没两样，都必须争个好地盘才会有人潮、才会赚钱；而地段差的地方，当然生意就较差了！很幸运，谭盾和一位黑人琴手，一起争到一个最能赚钱的好地盘，在一家银行的门口，那里有很多人潮……过了一段时日，谭盾赚到了不少卖艺钱之后，就和黑人琴手道别，因为他想进入学校进修，在音乐学府里拜师学艺，也和琴技高超的同学们互相切磋。于是，谭盾将全部时间和精神，投注在提升音乐素养和琴艺之中……在学校里，虽然谭盾不像以前在街头拉琴一样赚很多钱，但他的眼光超越金钱，转而投向那更远大的目标和未来。

10年后，谭盾有一次路过那家银行，发现昔日老友——黑人琴手仍在那"最赚钱的地盘"拉琴，而他的表情一如往昔，脸上露着得意、满足与陶醉。当黑人琴手看见谭盾突然出现时，很高兴地停下拉琴的手，热情地说道："兄弟啊，好久没见啦，你现在在哪里拉琴啊?"谭盾回答了一个很有名的音乐厅名字，但黑人琴手反问道："那家音乐厅的门口也很好赚钱吗?""还好啦，生意还不错啦!"谭盾没有明说，只淡淡地说着。

那位黑人哪里知道，10年后的谭盾，已经是一位知名的音乐家，他经常在著名的音乐厅中献艺，而不是只在门口拉琴卖艺，10年中那个黑人琴手像谭盾一样努力，只是他在努力地拉琴，努力地保卫自己那块赚钱的地盘；而谭盾对自己重新进行了规划，是这种选择直接导致了他们最终结局的不同。

案例三：明确的目标，是成功的第一要素

美国财务顾问协会的前任总裁刘易斯·沃克曾经接受过一位记者有关稳健投资计划的采访。其间，记者问道："到底是什么原因使人走向失败呢?"沃克不假思索地说道："模糊不清的目标。"记者问道："什么叫模糊不清呢?"沃克说："我在几分钟前就问你，你的目标是什么？你说希望有一天可以拥有一栋山上的小屋。这就是一个模糊不清的目标。问题就在'有一天'，这个时间不够明确。因为不够明确，成功的几率也就不大。"沃克紧接着又说，"如果你真的希望在山上买一间小屋，你就必须先找出那座山。计算你想要的小屋的现值，然后考虑通货膨胀，算出5年后这栋房子值多少钱。接着你必须确定，为了达到这个目标每个月要攒多少钱。如果你真的这么做了，你可能在不久的将来就会拥有一栋山上的小屋。但如果你只是说说，梦想就可能不会实现。"

在这里，沃克需要告诉你的是，梦想是愉快的，但没有配合实际行动计划的模糊梦想，则只是妄想而已。如果你不知道买一套房子要多少钱，也不知道你希望多长时间以后能买一套房子。那么你就不知道你从现在起至少每年要赚多少钱。不知道从现在起至少每年要赚多少钱，也就不知道每年要赚多少钱。不知道每年要赚多少钱，也就不知道每个月要赚多少钱，你也就不知道每天该为你的目标做什么。最后目标就无法实现。

计划制订了以后一定要定期评测进展，这和你的行动同样重要。随着计划的进展，你有时会发现你的短期目标并没有使你向长期目标靠拢；也许，你可能发现你当初的目标不怎么现实；或许你会觉得你的中长期目标中有一个并不符合你的理想及人生的最终目标。不管是怎样的情况，你都需要作出调整。

案例四：对学习充满热情

汉代的班超，这位中国历史上著名的民族英雄，年轻的时候本是一个高官子弟，有一天在家里写字的时候，听到了匈奴骚扰边疆的消息，将笔猛掷于桌案，愤然而起，说道："国家有事，大丈夫当骑马杀敌，岂能在此空做道德文章。"于是上书请求出使西域，这就是有名的"投笔从戎"的典故。在这种高昂的热情的驱使下，班超一生纵横西域、灭敌无数，为汉朝夺回了因为王莽之乱而失去的对西域的控制权。在西域待了几十年之后，当年"投笔从戎"的少年英杰终于须发竞白，产生了回家乡看看的念头，于是上书请返，奏章中写道"不敢望返酒泉郡，但愿生入玉门关"，英雄垂暮之情，读来令人落泪。后来皇帝准许他返回故乡，他回到洛阳后在家里住了不到一年就病逝了。

如果他还待在西域的话，一定可以再活更长的时间，创造更多的英雄业绩。

勃兰特·罗素是20世纪哲学家中最声名卓著的一位，他在所有方面的工作都对当代人产生了广泛而深刻的影响。他在哲学上创立的逻辑分析方法开辟了哲学发展的新方向，他对基础数学的贡献导致了第三次数学革命，他在社会政治各个领域的论著内容丰富，文笔流畅，并因此获得了诺贝尔文学奖。总结自己丰富多彩的一生的时候，他认为有三种激情支配了自己的整个生命："对真理的不可遏制的探究、对人类苦难不可遏制的同情和对爱情不可遏制的追求。"

美国人希尔顿靠5000美元起家。在他刚刚开始创业的时候，他印刷了自己的名片，在大街上到处发放，上面的内容是：

"肯纳特·N·希尔顿，热情的创造者，爱情的经纪人，亲爱的创始人，热吻拥抱技术天下第一。"20年后，他成了全世界最大的连锁旅店的老板。

其实，每个人内心都有想要取得成功的激情，只是这种激情常常处于"沉睡"的状态，需要想办法把它唤醒而已。现在有一句话非常流行，叫做"唤醒你心中的巨人"。这个巨人是什么？就是"热情"。

案例五：乐观积极地学习

美国总统西奥多·罗斯福就是运用PMA成就事业的典型。

8岁的西奥多·罗斯福是一个脆弱胆小的男孩，脸上总显露着一种惊惧的表情。他呼吸就像喘气一样，如果被喊起来背诵，他立即会双腿发抖，嘴唇颤动不已，回答含糊且不连贯，然后颓废地坐下来，如果他有好看的面孔，也许就会好一点，但他却是暴牙。

像他这样的小孩，自我感觉一定很敏锐，回避任何活动，不喜欢交朋友，成为一个只知自怜的人！

但罗斯福却不是这样。他虽然有些缺陷，却保持着PMA（积极的心态），有一种积极、奋发、乐观、进取的心态，这种PMA，就激发了他的奋发精神。

他的缺陷促使他更努力地去奋斗，他并未因为同伴对他的嘲笑便降低了勇气，他喘气的习惯变成一种坚定的嘶声。他用坚强的意志，咬紧自己的牙床使嘴唇不颤动而克服他的惧怕。就是凭着这种奋斗精神，凭着这种PMA，罗斯福终于成为了美国总统。

他的成功是何等神奇、伟大，然而其先天所加在他身上的缺陷又是何等的严重，但他却能毫不灰心地干下去，直到成功的日子到来。

像他这样的人，如果停止奋斗而自甘堕落，则是相当自然而平常的事。但是罗斯福却不这么做。

他从来不落入自怜的罗网里，这种罗网害过许多比他的缺陷要轻得多的人。

没有人能想象这位受到爱戴的总统，竟会有如此悲哀的童年以及如此伟大的信心。假使他极为注意身体的缺陷，或许他会花费许多时间去洗“温泉”，喝“矿泉水”，服用“维他命”，并花时间航海旅行，坐在甲板的睡椅上，希望恢复自己的健康。

他不把自己当做婴孩看待，而要使自己成为一个真正的人。他看见别的强壮的孩子玩游戏、游泳、骑马，做各种极难的体育活动时，他也强迫自己去参加打猎、骑马、玩耍或进行其他一些激烈的活动，使自己变为最能吃苦耐劳的典范。他看见别的孩子用刚毅的态度对付困难，用以克服惧怕的情形时，他也就用一种探险的精神，去对付所遇到的可怕的环境。如此，他也觉得自己勇敢了。当他和别人在一起时，他觉得他喜欢他们，并不愿意回避他们。由于他对人感兴趣，从而自卑的感觉便无从发生。他觉得当他用“快乐”这两个字去接待别人时，就不觉得惧怕别人了。

在他未进大学之前，已由自己不断的努力，由系统的运动和生活，将健康和精力恢复得很好了。他利用假期在亚利桑那追赶牛群，在落基山猎熊，在非洲打狮子，使自己变得强壮有力。有人会疑心这位西班牙战争中马队的领袖罗斯福的精力吗？或是有人对于他的勇敢发生过疑问吗？然而千真万确，罗斯福便是那个曾经体弱胆怯的小孩。

罗斯福使自己成功的方式是何等的简单，然而却又是何等的有效，每个人都可以做的。

罗斯福成功的主要因素在于他的心态和他的努力奋斗。但最重要的还是他的心态。正是他这种积极的心态激励他去努力奋斗，最后终于从不幸的环境中找到了成功的秘诀。他使用隐形护身符，把PMA的那面朝上，终于把成功吸引过去了。

“我是自己命运的主宰，我是自己灵魂的领导。”这句诗告诉我们：因为我们是自己态度的主宰，所以自然会变成命运的主宰。态度会决定我们将来的机遇，这是放之四海而皆准的定律。这句诗也强调，无论态度是破坏性的或建设性的，这个规律都会完全应验。运用PMA黄金定律，我们会把心中的各种念头和态度变为事实，同样地能把富裕或贫穷的思想都变成事实。

案例六：随时学习，善于学习

小王就是一位善于留心学习同事长处的人。一次他和同事小田一起出差。因为业务密度太大，小王每天都处于晕晕的状态，疲于应付每天的工作。回来之后，一日另一位同事问起那些单位的情况。这些小王经手的事情他自己根本没有印象，而令他非常吃惊的是，同事小田，他居然清楚地记得每家单位在哪个地方，他们接触到的那些单位的分管老总、会计、出纳叫什么，他们的业务情况。当时小王真的很吃惊，吃惊到怀疑自己的智商、记忆。于是他对小田刮目相看，时常与他交流。

另外一次出差，领队的是一个与小王同时进单位的比他小的男孩，精精瘦瘦的，他没太上心。后来他偶尔注意到男孩的笔袋。那是一个装得满满当当的笔袋，里面放着各种文具、眼药水等。吸引他注意的是,他的笔袋里那么多东西,却摆放得那么整齐。想想自己的包,虽然总崇尚名牌,但里面永远是杂乱的。想拿出一个东西,必须得费力在里面又掏又摸又找,半天才能找出来或者发现里面没有。虽然男孩的身材不高大,目前经济条件也并不很优越,但衣着总是很整洁得体的。于是他知道,这是一个很有条理、逻辑性很强的男孩,后来还发现他是大家公认的电脑高手,而且是自己琢磨出来的。

通往成功的路有两条,一条是靠自己埋头苦干,学习、实践、总结;另一条是向已经成功的人去学习,像成功者那样思考和行事。前一种方法节省了向成功者学习的成本,但却极有可能走弯路,在时间与花费上得不偿失。而且,当一个人仅仅依赖于自己的知识、经验、资金、资源进行奋斗的时候,这条成功之路将缓慢无比。最终的结果往往是资源耗尽、信心丧失。而另一条则是通向成功、获取财富的捷径。

自我测评

在这个科学技术飞速发展的时代,每个人都需要不断地学习新知识,否则就会被别人抛在身后。所以,一个人的学习能力是十分重要的,这种能力决定了每个人在社会中扮演的角色。

学习能力大部分是后天环境影响和培养而得的,所以无论哪个人都有同样的机会增强自己的学习能力,以便适应社会的发展。

测试一:

下面有25道题,每道题都有5个相同的备选答案。请你根据自己的实际情况,每题选择1个答案。

(1)备选答案:

A.很符合自己的情况。

B.比较符合自己的情况。

C.很难回答。

D.不大符合自己的情况。

E.很不符合自己的情况。

1.记下阅读中的不懂之处。

2.经常读与所学学科无直接关系的书籍。

3.在观察或思考时,重视自己的看法。

4.重视预习和复习。

5.按照一定的方法进行讨论。

6.做笔记时,把材料归纳成条文或图表,以便理解。

7.听人讲解问题时,眼睛注视着讲解者。

8.善于利用参考书和习题集。

9.注意归纳并写出学习中的要点。

10.经常查阅字典、手册等工具书。

11.面临考试,能有条不紊地复习。

12.认为重要的内容,就格外注意听讲、理解。

13.阅读中遇到不懂的地方,非弄懂不可。

14.联系其他学科内容进行学习。
15.动笔解题之前,先有个设想,然后抓住要点解题。
16.阅读中认为重要的或需要记住的地方,就画上线或做上记号。
17.经常向别人请教不懂的问题。
18.喜欢与人讨论学习中的问题。
19.善于吸取别人的学习方法。
20.对需要牢记的公式、定理等反复记忆。
21.观察实物或参考有关资料进行学习。
22.听课时做好笔记。
23.重视学习的效果,不浪费时间。
24.如果实在不能独立解出习题,就看了答案再做。
25.能制订出切实可行的学习计划。

(2)A 得 5 分,B 得 4 分,C 得 3 分,D 得 2 分,E 得 1 分。

(3)结果分析

101 分及以上:优秀。
86～100 分:较好。
66～85 分:一般。
51～65 分:较差。
50 分及以下:很差。

测试二:

下面有 50 道题,每道题有 3 个相同的备选项,请根据自己的实际情况选择,每题只能选择一种结果。

备选答案:

A.较符合自己的情况　　B.难回答　　C.不符合自己的情况

第一部分:学习方法

1.喜欢用笔勾出记下阅读中不懂的地方。
2.经常阅读与自己学习无直接关系的书籍。
3.在观察或思考时,重视自己的看法。而且在遇到问题时,对自己的看法很有信心。
4.对老师将要讲的课会做很充分的预习,并且会预先做一些练习。
5.遇到问题,我喜欢和同学一起讨论。
6.为更好地理解老师讲的课程,我会对笔记等内容归纳成条文或图表。
7.听老师讲解问题时,眼睛注视着老师。
8.喜欢利用参考书和习题集。
9.对于学习中的要点,我会很注意归纳并写出来。
10.我不经常查阅字典、手册等工具书。
11.我对作业和考试中的错误会进行修改,并根据试卷分析自己错误的原因。
12.我认为重要的内容,就格外注意听讲和理解。
13.阅读中若有不懂的地方,非弄懂不可。

14.在学习的时候会经常联系其他学科内容进行学习。
15.在动笔解题以前,先做全面的审题,有了设想后,才去解题。
16.阅读中认为重要的或需要记住的地方就画上线或做上记号。
17.经常向老师或他人请教不懂的问题。
18.喜欢讨论学习中遇到的问题。
19.我很注意别人好的学习方法,并努力学会。
20.对需要记牢的公式、定理等反复进行记忆。
21.经常观察实物或参考有关资料对其进行学习。
22.听课时做完整的笔记。
23.我有专门的错题本。
24.如果实在不能独立解出习题,就看了答案再做。
25.我经常制订学习计划,但不一定按照计划来做。

第二部分:应试心理

26.在重要考试的前几天,我就坐立不安了。
27.我每天早上都会吃饭而且早餐很有营养。
28.在考试前,我总感到苦恼。
29.在考试前,我感到烦躁,脾气变坏。
30.在紧张的温课期间,常会想到:这次考试要是得到低分数怎么办?
31.越临近考试,上课时我的注意力就越难集中。
32.一想到马上就要考试了,参加任何文娱活动都感到没劲。
33.在考试前,我常做关于考试的梦。
34.到了考试那天,我就不安起来。
35.当听到开始考试的铃声响了,我的心马上紧张地急跳起来。
36.遇到重要考试,我的脑子就变得比平时迟钝。
37.看到考试题目越多、越难,我就越感到不安。
38.一遇到很难的考试,我就担心自己会不及格。
39.在紧张的考试中,我会想些与考试无关的事情,注意力集中不起来。
40.在考试时,我会紧张得连平时记得滚瓜烂熟的知识一点也回忆不起来。
41.考试中,我想上厕所的念头比平时多些。
42.我对考试十分厌烦。
43.在考试时,我紧张得手发僵,写字不流畅。
44.考试时,我经常会看错题目。
45.在进行重要的考试时,我的头就会痛起来。
46.发现剩下的时间来不及做完考题,我就急得手足无措,浑身大汗。
47.如果我考个不满意的分数,就不想看卷子。
48.在考试后,经常发现有的题目自己虽然懂却没答对。
49.在考试中,有时我会沉迷在空想之中,一时忘了自己是在考试。
50.要是不进行考试,我就能学到更多的知识。

评价办法:

以下是有分值的结果,只要你的选择与下列结果吻合,可以得 1 分。请对照你的选择统计你的得分。

结果为 A,分值为 1 分的题目编号是:1.2.3.4.5.6.7.8.9.11.12.13.14.15.16.17.18.19.20.21.22.23.27.

结果为 B,分值为 1 分的题目编号为:无。

结果为 C,分值为 1 分的题目编号为:10.24.25.26.28.～50.

评价结果:

第一部分的分值若高于 20 分,说明你的学习方法还是比较理想的。这一部分主要是针对学习方法的测试,比如是否善于总结,对知识的掌握是否扎实,学习是否主动自觉,对知识的涉猎是否广泛等等。总之,包罗了在学习方法上的各个方面。所谓“尺有所短,寸有所长”,学习就是一个不断取长补短的过程,在某个方法上掌握得出色,不代表其他的地方做得都是完美的。

因此如果你的成绩一直比较理想,很可能得益于你所掌握的知识适合自己并且有正确学习方法。在以后的日子里,你不仅要继续保持,还要继续发挥学习中的积极主动性,在新的学科和新的知识点中,不断归纳总结,不断发现新的方法,千万不要因为取得的成绩而骄傲自满。如果在这部分的某些题目中没有得到比较好的分数,很可能说明你在某个环节上做得不好或者做得还不够到位,对于这样的题目,你需要考虑一下其目的是检测你的哪一个学习环节,是上课听讲,还是回家做作业,或者是考试复习等。

总之,每一个学习环节都有其重要的作用。检测和考试的目的是一样的,结果并不是最重要的,从这个过程中发现问题才是我们的目的。如果你这部分的成绩很好,但自己在学校考试中的表现一直不好,就说明你的问题并非出在方法上,也许是学习态度或学习品质出了问题。若低于 20 分,则说明还有些地方没做好,需要努力改进。

第二部分的分值若高于 23 分,说明你在考试中的心理素质是比较好的。心理素质对考试成绩会有一定的影响,但绝不是决定性因素。我们重视心理素质,因为以后走上工作岗位,拥有良好的心理素质对每个人来说都是非常重要的。否则,因为心理素质太差而影响了考试成绩,相信无论是学生、家长还是老师都会感到非常遗憾,非常可惜的。如果测试结果表明心理素质全无问题,那么下次考试就不会把问题全部归结为紧张啊,难受啊等问题了。若低于 23 分,就要注意分析自己的原因,可以根据之前我们提出的几点建议,来提高自己的心理素质。总之,我们既不要过分夸大心理问题的作用,也不要忽视它。保证在进入考场之前,各方面上都做好了充足的准备。

附:资料链接

一、大学生求职应该学习的 12 种动物精神

正确的工作观,有如人生路上的明灯,不但会为你指引正确的方向,也会为个人的职场生涯创造丰富的资源。以下以 12 种动物的精神作比喻,在它们的身上可以看到不同的工作观。

1.尽职的牧羊犬:新新人类最为人诟病的就是缺乏责任感,作为一个新人,学习建立负责任的观念,会让主管、同事觉得孺子可教。抱着多做一点多学一点的心态,你很快就会进入状态。

2.团结合作的蜜蜂:新人进到公司,往往不知如何利用团队的力量完成工作。现在的企业很讲究 TeamWork,这不但包括借由团队寻求资源,也包含主动帮助别人,

以团体为荣。

3.坚忍执著的鲑鱼:新人由于对自己的人生还不确定,常常三心二意,不知自己将来要做什么。设定目标是首先要做的功课,然后就是坚忍执著地前行。途中当然应该停下来检视一下成果,但变来变去的人,多半是一事无成。

4.目标远大的鸿雁:太多年轻人因为贪图一时的轻松,而放弃未来可能创造前景的挑战。要时时鼓励自己将目标放远。

5.目光锐利的老鹰:新人首先要学会分辨是非,懂得细心观察时势。一味接受指示、不分对错,将是事倍功半,得不到赞赏和鼓励。

6.脚踏实地的大象:大象走得很慢,却是一步一个脚印,累积雄厚的实力。新人切忌说得天花乱坠,却无法一一落实。脚踏实地的人会让别人有安全感,也愿意将更多的责任赋予你。

7.忍辱负重的骆驼:工作压力、人际关系,往往是新人无法承受之重。人生的路很漫长,学习骆驼负重的精神,才能安全地抵达终点。

8.严格守时的公鸡:很多人没有时间观念,上班迟到、无法如期交件等等,都是没有时间观念导致的后果。时间就是成本,新人时期养成时间成本的观念,有助于日后晋升时提升工作效率。

9.感恩图报的山羊:你可以像海绵一样吸取别人的经验,但是职场不是补习班,没有人有义务教导你如何完成工作。学习山羊反哺的精神,有感恩图报的心,工作会更愉快。

10.勇敢挑战的狮子:对于大案子、新案子勇于承接,对于新人是最好的磨炼。若有机会应该勇敢挑战不可能的任务,借此累积别人得不到的经验,下一个升职的可能就是你。

11.机智应变的猴子:工作中的流程有些往往是一成不变的,新人的优势在于不了解既有的做法,而能创造出新的创意与点子。一味地接受工作的交付,只能学到工作方法的皮毛,能思考应变的人,才会学到方法的精髓。

12.善解人意的海豚:常常问自己如果我是主管该怎么办,这样有助于吸收处理事情的方法。在工作上善解人意,会减轻主管、共事者的负担,也让你更具人缘。

二、十大外企选才面面观

富士通(中国):人才本土化

金琼(总经理办公室课长):在富士通,中国员工和日本员工之间相处融洽,感觉不到一般日资公司中方和日方员工之间那条明显的界线。在富士通,中国员工只要表现出色,晋升速度同样非常快,这在一般的日资企业还是很少见的。

美国礼来亚洲公司:平衡原则兼顾工作与家庭

刘萍(人力资源总监):礼来有一个用人的“平衡原则”。公司员工非常关心自己的职业发展,同时具有很高的个人期望。他们希望拥有更多的时间来陪伴自己的家人,希望能有更多的选择以便能更好地考虑家庭等等。因此,公司会提供一系列的帮助,这不仅包括培训,也包括家庭支援、友情支援等等。我们的目标是延伸作为公司的意义,提供对员工来说有价值的选择和资源,使他们在工作和非工作之间找到平衡。

微软(中国):青睐三种人

尹冬梅(人力资源部招聘经理):我们愿意招的"微软人",包括三类:

第一,非常有激情的人。对公司有激情、对技术有激情、对工作有激情,这是微软的文化构成之一。

第二,聪明的人。我们招的人不见得现在就是某一方面的专家,但他一定会在短时间内学会很多东西,能够超出职位的要求。负责招聘的部门经理在和应聘人谈话时会通过很多开放式的问答,来看他是不是够聪明,反应是不是够快。

第三,努力工作的人。在微软没有一个经理要求员工加班,但是因为员工很有激情,他们能从工作中得到乐趣,又希望工作能够做到完美的状态,所以,自然而然就会努力工作。

柯达(中国)股份有限公司:内部提拔法

李红霞(销售市场及行政事务部人事总监):我们有一个"内部提拔法"已经在全球实施了多年。公司有职位空缺时,我们首先会把这个空缺在网上公布,让员工在第一时间知道,员工可以根据自己的职业设计进行选择。由于主管熟悉每一个下属的职业发展规划,当公司有职位空缺时,主管可以向其他部门推荐。这样每个员工在公司内部的发展就有了两个渠道:自己提出发展申请;员工的业务主管也在考虑员工的职业发展。

三井物产(中国)有限公司:自信会让你胜出

王维岭(业务副总经理):三井在面试的时候通常会先让应聘者"选公司"——首先由面试人员介绍公司的企业文化、组织结构和业务范围。这个过程看似在让应聘者更多地了解公司,其实从应聘者走入公司那一刻起,公司对他的考核就已经开始了。

我们也会着重考察应聘者的外在气质和内在品质。穿什么衣服,留什么发型,走路的姿势,如何与面试人员打招呼,如何接送文件,如何对待在场的其他工作人员等等,应聘者可能在不经意间完成了这些动作,但是公司的考察就在这个过程中完成了。

在考察应聘者的内在品质时,我们会更多地使用开放式的问题。我们经常设计一些模拟场景。比如,应聘者到公司后,让一名工作人员把他从门口领进会议室,转一圈后再出来,然后让应聘者详细描述一下自己在这几分钟之内都看到了什么。有些应聘者能详细地说出从一进门到会议室都看到了什么,有些人则说得很少。通过这个测试我们不难发现,那些描述得具体生动的人,能很好地调整心态,让自己很快地放松下来,我们通常认为这样的人充满自信。另外,这样的测试也考察了应聘者的观察力,而应聘者的描述同时也反映出了他们的语言表达能力。

IBM(中国)有限公司:三千美元打造一名员工

张榕(大中华区招聘经理):IBM 全球人力资源总裁提出了四点:第一是 pride(自豪感),第二是 innovation(创新),第三是 flexibility(灵活性),第四就是高绩效文化。我们不会看你是哪个学校毕业的,你是什么学历,而是看你在工作上真正的贡献,以及你表现出的工作热情。IBM 重视的是你工作的结果,而不是看你以前的背景。

欧莱雅(中国):需要你像诗人一样

戴青(人力资源总监):我们考虑欧莱雅的人才标准是,富有胆识和想象力,富有创造力,同时具备实干精神,也就是我们常说的"诗人+农民"标准。

"诗人",就是要具备开阔的思路、敏锐的触角,要机动灵活,这样才能应对时尚和市场的瞬息变化。同时,作为全球最大的化妆品集团,我们还要求人才必须具备"农民”一样的实干精神。你有好的 Idea(想法),同时还要付诸行动。

作为一家从事时尚文化传播的跨国公司,欧莱雅特别强调应聘者对时尚的热爱。这里所强调的时尚感,并不是简单地反映在员工的衣着打扮上,而是更强调员工在这方面的感觉,即会积极去观察、感受时尚,有充分的想象力并懂得举一反三。

中国惠普有限公司:要经得起追问

葛永基(人力资源营运总监):面试的时候一定要自信、真实,语言不必太啰唆。因为 Interview(面试)的时间很有限,不要去天花乱坠地谈一大通,假如让人当场抓住你讲的是虚假的或者不懂装懂,那结果自然可想而知。关键不在说多说少,而是你的自述一定要经得起追问,人不可能十全十美,你不懂也不要紧,可以学嘛,可是你弄虚作假,这个是绝对不可原谅的。

NEC(中国)有限公司:培养闪光的个人

张春弟(人力资源室经理):NEC 公司在全球提出了一个概念——Holonic,即提倡员工个体独立,同时又与整体配合融洽。为此 NEC(中国)有限公司提出了“培养闪光的个人”这个张扬个性的口号。目前 NEC(中国)有限公司还没有制订出专门的措施,但是,一些有远见的部门已经开始有意识地为员工创造这样的机会。

西门子(中国)有限公司:不妨实话实说

胡春(人事部人事顾问):应聘者加入西门子的动机肯定要问的,虽然最后用不用他(她)不会取决于这个问题,但至少说实话的人会给我留下挺深的印象。有的人告诉我,因为他最近搬家了,他们家离这儿挺近的,他就想在这儿找份工作。我觉得这样的回答也挺好,挺有意思的。

通用职业能力之二——沟通交流能力

美国哈佛大学曾经做过一个市场调查。调查社会对企业组织机构中高层管理、中层管理、基层员工等不同层次人才的素质需求，最后得出名为“哈佛表格”的著名结论。各个层面的人才素质要求不同，但有一个重要的相同点：无论是高层管理者，还是基层员工，沟通协调能力对于他们同等重要！当今社会是一个开放的社会，也是一个充满交流与沟通的社会。人们的交往与沟通能力已成为每个社会成员生存、生活和发展过程中越来越重要的素质。对于正在学习、成长中的大学生而言，培养良好的人际交往和沟通能力，不仅可以为自己顺利完成学业创造良好的学习、生活环境，而且还可以为毕业后尽快顺利融入社会打下坚实的基础。因此，在校大学生一定要自觉加强对个人交际和沟通能力的锻炼与培养。

要点指津

要点一：沟通交流能力是高职学生职业成功的重要基础

被誉为新泽西聪明工程师库的人才实验室的统计结果表明，工作绩效最好的人，不是具有高文凭智商的人，而是那些善于和同事相处的人。另一个统计也显示，很多人的失败不是因为技术能力差，其中相当部分是因为不善于沟通、处理不好工作关系、遇到工作困难不善于向别人请教、与上级或同事发生冲突等原因。激烈的竞争中只有具备良好的情绪掌控能力，在情感交流和沟通中取得他人的理解、认可和支持，才能促进幸福和成功。

良好的人际交往与沟通能力对高职学生的成长与发展意义重大，是高职学生在未来事业中取得成功的基础。对于高职学生来说，未来事业的成功与否，一方面取决于自身的真才实学，另一方面则取决于自身是否具有让他人和社会认同接纳的能力。培养良好的人际交往与沟通交流能力，可促进与老师、同学、朋友之间的健康交流、沟通，从而达到相互了解、理解和认同，增强个人的群体归属感和安全感，推动健康心理的培育；培养良好的人际交往与沟通交流能力，有利于扩大人与人之间的交流学习，有利于个人的自我全面拓展与完善；培养良好的人际交往与沟通交流能力，对于今后融入社会、开创事业，干好工作都有着非常重要的基础作用，特别是在市场经济条件下，适应社会激烈竞争意义尤为重要。

要点二：正视人际交往与沟通中存在的问题

高职学生在以就业为导向的人才培养目标的指引下，逐渐认识到人际交往与沟通能力的大小将直接影响到一个人职业生涯最终能达到的高度和境界。在学习生活中渴望通过人际交往去认识社会、获得友谊、成就学业，却面临各种问题，如自卑、猜疑、嫉妒等不健康的心理阻碍其正常人际关系的建立；理想化、庸俗化、轻视等认知上的偏差影响沟通交流能力的形成；勇于实践却屡受打击挫伤了信心等等。每一个学生只有正视存在的问题，并认真分析其原因，找到解决问题的有效方法，才能真正建立起良好的人际关系。

要点三：沟通成功和失败的原因是什么

一个案例的启示：有一个公司总裁去女儿幼儿园参观孩子们的书画比赛。她看到一幅《陪妈妈上街》的画，里面没有高楼大厦，没有车水马龙，有的只是数不清的大人们的腿。她感到很奇怪，最后是幼儿园老师帮她解开了疑惑，幼儿园的孩子身高几乎还不到大人的腰部，他们上街看到的除了大人的腿还能是什么？于是她想，孩子们上街时看到的只是大人们的腿，这是身高决定的；同样道理，公司员工能看到的是自己的工作、利益和前途，并不是每个人都像总裁一样思考公司的未来，这是环境决定的。因此不要指望别人都和你的见识一样。之后，她开始加深与员工的交流，公司的业绩也随之突飞猛进。

大部分时候，人与人处于不同的沟通平台，如果每个人都想着自己的道理，按照自己习惯的方式与人沟通，往往会产生双方不满意的结果，矛盾也随之产生。沟通就是要以"沟"为手段，"通"为目的。对方被你影响了，甚至按你的意思做事情了，就是"通"了。所以说关键在于"我们说什么并不重要，别人听到什么才真正重要"。

要点四：沟通交流应遵循的主要原则

针对高职学生在人际交往中的问题与原因，笔者建议在沟通交流能力培养中可参考遵循以下原则：

互相尊重的原则：只有给予彼此尊重才有沟通，若对方不尊重你时，你也要适当地请求对方的尊重，否则很难沟通。

同理心原则：与人交谈时，要尽量从他的观点看事物，尽力弄清楚他为什么会这样想。如果我们设身处地地为别人着想，就不会一心想着要求别人了。

讲出来原则：尤其是坦白地讲出你内心的感受、感情、痛苦、想法和期望，但绝不是批评、责备、抱怨、攻击。

理性沟通原则：不理性不要沟通。不理性，特别是有情绪时的沟通只有争执的份，不会有结果，更不可能有好结果，所以，这种沟通无济于事。冲动有可能让事情不可挽回！

承认我错了原则：如果自己说错了话、做错了事，而不想造成无可弥补的伤害时，最好的办法是什么？"我错了"，这就是一种觉知。认错是沟通的消毒剂，可解冻、改善与转化沟通的问题。

等待转机原则：如果没有转机，就要耐心等待。当然，不要以为等待就会有成果。最终还是要你自己去努力，若不努力，你将什么都没有。

爱与智慧的原则：心胸宽阔的关爱和智慧的火花会让你的沟通畅通无阻。

要点五：培养沟通能力的四条途径

一是通过良好的礼仪素养架起人际沟通的桥梁。

中国是个礼仪之邦，人际沟通和交往离不开礼仪，良好的礼仪素养是大学生人际交往的润滑剂，是人际沟通的通行证，是人际相处的艺术规则。一定要注重各种礼仪的学习、训练和养成。

二是让语言交流能力成为人际沟通的必要载体。

在人际交往中，语言有着极其重要的作用，语言水平的高低会在很大程度影响到人们之间的关系。语言表达不清楚、不规范、不准确，都会制约“通”的实现，也就难于获得沟通的成功。因此要重视培养学生的口语和书面语表达能力。可通过参加各种演讲、辩论等活动，交际与口才等选修课，担任学生干部等途径提高语言表达能力。

三是掌握因人而异的沟通策略。

每一次沟通面临的沟通环境、沟通目的以及沟通对象都各不相同，只有针对性的沟通，才能获得成功。尤其在面对面的沟通中，沟通对象的反应将直接影响沟通策略的选择。如果不能对沟通对象的反应进行正确的判断和回应，将会出现沟通中断、人际关系恶化、最终导致问题得不到解决。在沟通中因人而异才会有的放矢，才能采取针对性强的交流措施和方法，有利于节约成本，有效地提高沟通成功率。

四是以广博的知识面作为成功沟通的助推器。

要与不同身份、不同层次、不同环境的人打交道，一个人必须要具备良好的知识修养。除了学好专业知识、具备精湛的专业技能外，还应开阔视野，博览群书，对天文、地理、历史、人文、经济、文化等有一定的认知和见解，这样的学识眼界有助于和不同的人沟通，游刃有余地谈论不同话题。要做到这一点就要有终身学习的精神。

案例分析

案例一：不同的语言表达不同的沟通效果

公司为了奖励市场部的员工，制订了一项海南旅游计划，名额限定为 10 人。可是 13 名员工都想去，部门经理需要再向上级领导申请 3 个名额，如果你是部门经理，你会如何与上级领导沟通呢？

一种表达

部门经理向上级领导说：“朱总，我们部门 13 个人都想去海南，可只有 10 个名额，剩余的 3 个人会有意见，能不能再给 3 个名额？”

朱总说：“筛选一下不就完了吗？公司能拿出 10 个名额就花费不少了，你们怎么不多为公司考虑？你们呀，就是得寸进尺，不让你们去旅游就好了，谁也没意见。我看这样吧，你们 3 个做部门经理的，姿态高一点，明年再去，这不就解决了吗？”

另一种表达

部门经理：“朱总，大家今天听说去旅游，非常高兴，非常感兴趣。觉得公司越来越重视员工了。领导不忘员工，真是让员工感动。朱总，这事是你们突然给大家的惊喜，不知当时你们如何想出此妙意的？”

朱总：“真的是想给大家一个惊喜，这一年公司效益不错，是大家的功劳，考虑到大家辛苦了一年，年终了，第一，是该轻松轻松了；第二，放松后，才能更好地工作；第三，是增强公司的凝聚力。大家都高兴，我们的目的就达到了。”

部门经理：“也许是计划太好了，大家都在争这 10 个名额。”

朱总：“当时决定 10 个名额是因为觉得你们部门有几个人工作不够积极。你们评选一下，不够格的就不安排了，就算是对他们的一个提醒吧。”

部门经理："其实我也同意领导的想法，有几个人的态度与其他人比起来是不够积极，不过他们可能有一些生活中的原因，这与我们部门经理对他们缺乏了解，没有及时调整都有关系。责任在我，如果不让他们去，对他们打击会不会太大？如果这种消极因素传播开来，影响不好吧。公司花了这么多钱，要是因为这个名额降低了效果太可惜了。我知道公司每一笔开支都要精打细算。如果公司能再拿出 3 个名额的费用，让他们有所感悟，促进他们来年改进，那么他们给公司带来的利益要远远大于这部分支出的费用，不知道我说的有没有道理，公司如果能再考虑一下，让他们去，我会尽力与其他两位部门经理沟通好，在这次旅途中每个人带一个，帮助他们放下包袱，树立有益公司的积极工作态度，朱总您能不能考虑一下我的建议？"

点评：以上两种不同的语言表达方式，效果显而易见，后者更接近沟通目的。

案例二：心胸宽广能容人

小王以前没住过校，上大学后，与 5 个同学共住一室，她总是对一些小事情斤斤计较，很容易生气。别的同学早上起床时间早了、洗漱的声音大了或者是晚上睡觉的呼吸声重了都会让小王心生厌烦，有时还会态度蛮横地和别人理论。同学都觉得小王对人太苛刻，不愿和她交往。

点评：很多大学生来自独生子女家庭，平常生活自由自在，上大学后和几个人共用一个寝室，难免会有些不适应。同学们要想和别人相处融洽，就必须学会包容别人的生活方式。人与人之间不可能完全一样，大家不要过分苛求别人，要学会容忍，严于律己，宽以待人，学会设身处地地为别人着想。如果别人的生活方式妨碍到自己的生活，应该委婉地提出意见，但一定要注意态度和方法，并适当地进行自我调整。

案例三：主动热情赢好感

陈英去年刚上大学时，是个很不善言辞的人，来到新宿舍几乎没有主动和同学打过招呼。经过一段时间后，她发现别的室友之间相互很融洽，唯独自己跟别人很难融合，其他同学平时聊天，她也插不进嘴。陈英觉得自己被同学孤立了，整天闷闷不乐，也不愿回宿舍。

点评：一些刚进入大学的学生常抱怨自己人际交往能力不够强，人际圈子不够广。大学里，来自五湖四海的同学聚在一起，如果不想在这样的生活环境中被孤立，就应该先试着和别人打招呼。一声主动的问候、一个灿烂的笑容会给别人留下好印象，有助于建立良好的同学关系。在平时集体生活中，切忌以自我为中心，要主动关心、帮助别人。此外，有能力的学生还可以做些公益工作，以增加同学们的好感。

案例四：平等相待讲技巧

小陈是一名喜欢热闹、喜欢与人交往的学生，上高中时人缘很好。进入大学后，小陈保持着以往的主动与热情，但不久后，她发现自己并没有得到其他同学的认可，和同学们的距离反而越来越远了。她感到非常不解与委屈，最后选择尽可能不与新同学接触，却经常打电话向以前的同学倾诉苦闷。

点评：大学生要主动学习如何与人沟通，积极与人交往，对人以诚相待，但有时候只有一腔热情还不够,还要有一定的交往技巧与手段。要注意自己的言谈举止,尽量做到自然、朴实、得体。面对不太熟悉的同学,说话要讲究分寸,学会换位思考,用平等的态度对待他人。另外,向同学提意见要讲究方法和技巧,切忌语言苛刻,以免使对方感觉难堪、丢面子。

案例五:换位思考的沟通技巧

人物职务背景:

凯茜·布福德(Cathy Buford):一个项目团队的设计领导,该团队为一个有迫切需求的客户设计一项庞大而技术复杂的项目。

乔·杰克逊(Joe Jackson):一个分派到凯茜的设计团队里的工程师。

案例详情:

一天,乔走进凯茜的办公室,大约是上午九点半,她正埋头工作。

"嗨,凯茜,"乔说,"今晚去观看联赛比赛吗? 你知道,我今年自愿参加。"

"噢,乔,我实在太忙了。"

接着,乔就在凯茜的办公室里坐下来,说道:"我听说你儿子是个非常出色的球员。"

凯茜将一些文件移动了一下,试图集中精力工作。她答道:"啊? 我猜是这样的。我工作太忙了。"

乔说:"是的,我也一样。我必须抛开工作,休息一会儿。"

凯茜说:"既然你在这儿,我想你可以比较一下,数据输入是用条形码呢,还是用可视识别技术? 可能是……"

乔打断她的话,说:"外边乌云密集,我希望今晚的比赛不会被雨浇散了。"

凯茜接着说:"这些技术的一些好处是……"她接着说了几分钟。又问:"那么,你怎样认为?"

乔回答道:"噢,不,它们不适用。相信我。除了客户是一个水平较低的家伙外,这还将增加项目成本。"

凯茜坚持道:"但是,如果我们能向客户展示它能使他省钱并能减少输入错误,他可能会支付实施这些技术所需的额外成本。"

乔惊叫起来:"省钱! 怎样省钱? 通过解雇工人吗? 我们这个国家已经大幅度裁员了。而且政府和政治家们对此没任何反应。你选举谁都没关系,他们都是一路货色。"

"顺便说一下,我仍需要你报告进展的资料,"凯茜提醒他,"明天我要把它寄给客户。你知道,我大约需要8~10页,我们需要一份很厚的报告向客户说明我们有多忙。"

"什么? 没人告诉我。"乔说。

"几个星期以前,我给项目团队发了一份电子邮件,告诉大家在下个星期五以前我需要每个人的数据资料。而且,你可能要用到这些你为明天下午的项目情况评审会议准备的材料。"凯茜说。

"我明天必须讲演吗? 这对我来说还是个新闻。"乔告诉她。

"这在上周分发的日程表上有。"凯茜说。

"我没有时间与篮球队的所有成员保持联系,"乔自言自语道,"好吧,我不得不看一眼这些东西了。我用我6个月以前用过的幻灯片,没有人知道它们的区别。那些会议只是一种浪费时间的方式,没有人关心它们,人人都认为这只不过是每周浪费2个小时。"

“不管怎样，你能把你对进展报告的资料在今天下班以前以电子邮件的方式发给我吗?”凯茜问。

“为了这场比赛，我不得不早一点离开。”

“什么比赛?”

“难道你没有听到我说的话吗? 联赛。”

“或许你现在该开始做我说的这件事情了。”凯茜建议道。

“我必须先去告诉吉姆有关今晚的这场比赛，”乔说，“然后我再详细写几段。难道你不能在明天我讲述时做记录吗? 那将给你提供你做报告所需的一切。”

“不能等到那时，报告必须明天发出，我今晚要在很晚才能把它搞出来。”

“那么，你不去观看这项比赛了?”乔问。

“一定把你的输入数据通过电子邮件发给我。”

“我不是被雇来当打字员的，”乔声明道，“我手写更快一些，你可以让别人打印。而且你可能想对它进行编辑，上次给客户的报告与我提供的资料数据完全不同。看起来是你又重写了一遍。”

问题：

1.两人交流中存在哪些问题?

2.凯茜和乔怎样处理这种情况会更好?

点评：两个人的沟通出现的问题：(1)两个人的关注点不同。(2)作为项目团队设计领导的凯茜，没有关注下属所说的话是这次沟通无效乃至破裂的根本原因。(3)作为下属的乔，应该在领导工作的时候识趣一点，不应喋喋不休地去说什么联赛。

如果作为领导者的凯茜能关注一下下属所说的话(哪怕是再忙)，如感觉下属说的话和现在的工作无关，可以及时地制止下属继续说下去，然后给乔分析自己在忙什么，乔现在应该忙什么，说明一下明天下午项目情况评审会议的重要性，我想乔是会去工作的。反之，如果乔在刚进门的时候，看到自己的领导在忙，知趣一点走开的话，也就不会出现这次无意义的沟通呀!

案例六：两个沟通案例的比较——沟通策略的选择

许多家长即使对幼儿园和教师有看法，也往往藏在心里，不敢与教师沟通。原因是许多家长担心向教师提要求会对自己的孩子不利，或担心自己讲话不够得体，把握不好分寸。下面是家长与教师沟通的两个虚拟案例，它向我们展示了沟通的必要性和交谈方式的重要性。

[例一]

家长：老师，我可以进来和您谈谈吗?

老师：欢迎! 请坐到这儿吧。(微笑着用手势示意家长坐下)

家长：你们老师真是辛苦，每天要带那么多孩子，真是不简单啊!

老师：(一边给家长倒茶)是呀。孩子小，自控能力差，而家长的期望值又那么高，我们的压力真是不小!

家长：(接过茶杯)谢谢! 是啊，现在的孩子都是独生子女，每个家庭都对孩子宠爱有加。

老师：是的。独生子女存在的问题确实比较多，孩子不仅生活自理能力差，各种习惯也差。家长一边宠爱孩子，一边又对孩子寄予高期望。哎，可怜天下父母心哪!(摇头，很无奈的样子)哦，我忘了，你是不是有什么话要对我讲?(笑)

家长:(微笑着)是的。我家馨馨最近对跳舞的兴趣特别浓厚,每天嚷着要跳舞给我和她爸爸看,她爸爸看她这么感兴趣就特地给她买了一面大镜子,她对着镜子跳舞可开心了。

老师:哦?可是,在幼儿园我问她是不是不想跳舞,她告诉我说"是"。

家长:会不会馨馨在幼儿园跳舞跟不上同伴,不够自信?

老师:说实在的,馨馨对舞蹈的感受力和表现力确实一般。考虑到她最近腿脚不方便,我就让她坐在旁边看。

家长:谢谢您为馨馨想得那么多。我和她爸爸看她在家里那么喜欢跳舞,实在不忍心让她只看着小朋友跳舞了。我们猜想她内心还是喜欢跳舞的,您说是不是?

老师:看来是的。

家长:我想,馨馨可能因为腿不好怕在老师和同伴面前丢脸才说不想跳舞的,她说的可能并不是心里话。

老师:可能是吧。馨馨在幼儿园表现欲得不到满足,就想在家里得到满足,有这种"补偿"心理是很正常的。是我太大意了,我应该考虑到这一点的。对不起,馨馨妈妈,从明天起我就让馨馨"归队"。

家长:(起身)谢谢了!再见!

[例二]

家长:老师,我可以进来和你谈谈吗?

老师:欢迎!请坐到这儿吧。(微笑着用手势示意家长坐下)

家长:很忙吗?

老师:(一边给家长倒茶)还可以,有什么话您尽管说好了。

家长:(责问)你们班每个孩子是不是都参加了舞蹈排练?

老师:是的。

家长:那你怎么就不让我家馨馨跳舞?她回家说,每次跳舞老师都让她坐着。

老师:那是因为最近馨馨的腿脚不方便,我问她是不是不想跳,她说"是的",我这才让她坐在旁边看的。

家长:你知不知道她每天回家就嚷着要跳舞给我和她爸爸看,她爸爸看她这么感兴趣还特地买了一面大镜子。这样喜欢跳舞的孩子你说她在幼儿园不想跳舞谁相信?(情绪有些激动)

老师:我体谅动作不便的孩子,我尊重孩子的意愿有什么错?(语气加重)

家长:馨馨在家那么喜欢跳舞,你这怎么叫尊重孩子的意愿?(站了起来)

老师:馨馨在家的情况你可以向我反映,完全用不着用这种态度呀?

家长:你这样的态度就好了吗?什么老师?!我这就去找园长,如果可以,馨馨最好换个班级。(气冲冲地走出教师办公室)

点评:馨馨妈妈是想告诉教师——馨馨尽管腿不好,舞跳得不好,但还是想参加班级的舞蹈排练。我们从中可以看出,不同的交谈方式,沟通效果截然不同。前者顺利地达到了沟通目的,而后者非但达不到沟通目的,双方的心情也变得十分恶劣。

例一中的家长一直持一种平和、诚恳、理解的态度,从而为顺利解决问题提供了有利条件。例二中的家长则给人不真诚、盛气凌人或想操纵别人的印象。例一中的家长在发出"我和她爸爸看她在家里那么喜欢跳舞,实在不忍心让她只看着小朋友跳舞了"这一信息时,虽隐含着对教师的不满,但依然能坦诚地向教师表达自己的感受,这种表达方式既能让教师反思自己的行为,又能避免"直接指责"带来的消极影响。她既没有直接指责教师"为什么不让女儿跳舞",也没有说"我们想让她参加跳舞",而是诱导教师自主地体谅和帮助家长解决问题,有效避免了对抗情绪的产生。而例二中的家长却在语言中传递了责怪、嘲讽等意思,最终出现了难以控制的局面。

同样的事情,同样的地点,不同的人却有截然不同的结果,它告诉我们:交谈方法得当,问题就会迎刃而解或"化干戈为玉帛";方法不当,只会使问题复杂化。交谈是一种近距离的沟通方式,如果家长和教师能在相互尊重的前提下多沟通、多体谅,共同寻求解决问题的方法,其结果必定是"双赢"的。

自我测评

测试一:测测你的人际沟通能力

下面是一组沟通能力的小测试,请选择一项适合你的情形。

(一)测试题

1.在说明自己的重要观点时,别人却不想听你说,你会(　　)

A.马上气愤地走开。

B.于是你也就不说完了,但你可能会很生气。

C.等等,看还有没有说的机会。

D.仔细分析对方不听的原因,找机会换一个方式去说。

2.去参加老同学的婚礼回来,你很高兴,而你的朋友对婚礼的情况很感兴趣,这时你会告诉她(他)(　　)

A.详细述说从你进门到离开时所看到和感觉到的以及相关细节。

B.说些自己认为重要的。

C.朋友问什么就答什么。

D.感觉很累了,没什么好说的。

3.你正在主持一个重要的会议,而你的一个下属却在玩弄他的手机并有声音干扰会议现场,这时你会(　　)

A.幽默地劝告下属不要玩手机。

B.严厉地叫下属不要玩手机。

C.装着没看见,任其发展。

D.给那位下属难堪,让其下不了台。

4.你正在跟老板汇报工作时,你的助理急匆匆跑过来说有你一个重要客户的长途电话,这时你会(　　)

A.说你在开会,稍后再回电话过去。

B.向老板请示后,去接电话。

C.说你不在,叫助理问对方有什么事。

D.不向老板请示,直接跑去接电话。

5.去与一个重要的客人见面,你会(　　)

A.像平时一样随便穿着。

B.只要穿得不要太糟就可以了。

C.换一件自己认为很合适的衣服。

D.精心打扮一下。

6.你的一位下属已经连续两天下午请了事假,第三天上午快下班的时候,他又拿

着请假条过来说下午要请事假,这时你会(　　)

A.详细询问对方因何要请假,视原因而定。

B.告诉他今天下午有一个重要的会议,不能请假。

C.你很生气,什么都没说就批准了他的请假。

D.你很生气,不理会他,不批假。

7.你刚应聘到一家公司就任部门经理,上班不久,你了解到本来公司中就有几个同事想就任你的职位,老板不同意,才招了你。对这几位同事你会(　　)

A.主动认识他们,了解他们的长处,争取成为朋友。

B.不理会这个问题,努力做好自己的工作。

C.暗中打听他们,了解他们是否具有与你进行竞争的实力。

D.暗中打听他们,并找机会为难他们。

8.与不同身份的人讲话,你会(　　)

A.对身份低的人,你总是漫不经心地说。

B.对身份高的人说话,你总是有点紧张。

C.在不同的场合,你会用不同的态度与之讲话。

D.不管是什么场合,你都是一样的态度与之讲话。

9.你在听别人讲话时,你总是会(　　)

A.对别人的讲话表示兴趣,记住所讲的要点。

B.请对方说出问题的重点。

C.对方老是讲些没必要的话时,你会立即打断他。

D.对方不知所云时,你就很烦躁,就去想或做别的事。

10.在与人沟通前,你认为比较重要的是,应该了解对方的(　　)

A.经济状况、社会地位。

B.个人修养、能力水平。

C.个人习惯、家庭背景。

D.价值观念、心理特征。

(二)评分方法

题号为1、5、8、10者,选A得1分、B得2分、C得3分、D得4分;其余题号选A得4分、B得3分、C得2分、D得1分;将10道测验题的得分加起来,就是你的总分。

(三)结果分析

如果你的总分为10～20分:因为你经常不能很好地表达自己的思想和情感,所以你也经常不被别人所了解;许多事情本来是可以很好解决的,正是你采取了不适合的方式,所以有时把事情弄得越来越糟;但是,只要你学会控制好自己的情绪、改掉一些不良的习惯,你随时可能获得他人的理解和支持。

如果你的总分为21～30分:你懂得一定的社交礼仪,尊重他人;你能通过控制自己的情绪来表达自己,并能实现一定的沟通效果;但是,你缺乏高超的沟通技巧和积极的主动性,许多事件只要你继续努力一点,你就可大功告成的。

如果你的总分为31～40分:你很稳重,是控制自己情绪的高手,所以,他人一般不会轻易知道你的底细;你能不动声色地表达自己,有很高的沟通技巧和人际交往能力;只要你能明确意识到自己性格的不足,并努力优化之,定能取得更好的成绩。

测试二:性格与沟通能力测试

1.我通常都是豁达爽快,主动了解别人,并与他们建立关系。

2.我通常都不是豁达爽快,通常都不主动了解别人,并与他们建立关系。

3.我通常反应慢而审慎。

4.我通常反应快而草率。

5.我通常对别人占用我的时间存有戒意。

6.我通常对别人占用我的时间表示宽容。

7.我通常在社交聚会上自我介绍。

8.我通常在社交聚会上等别人向我介绍他们自己。

9.我总是爱谈人们兴趣所在的事,即使这意味着游离了生意或手头的话题。

10.我总是爱谈与工作项目、事务、生意或手头的话题有关的事。

11.我通常说话不武断,并且对慢节奏我会很有耐心。

12.我通常说话武断,并且对慢节奏我会没有耐心。

13.我总是在了解了事实或根据的前提下才做决断。

14.我总是凭感情、经验或人际关系做决断。

15.我总是经常参与大家的谈话。

16.我总是很少参与大家的谈话。

17.我通常更愿意与别人一起共事或通过他们办事,只要可能就向他们提供支持。

18.我通常更愿意做事独来独往或不管事情涉及别人的程度有多大,自己总是处于主导地位。

19.我提问题或说话总是吞吞吐吐,很少直截了当。

20.我说起话来总是快人快语或直截了当表达自己的观点。

21.我总是看重思想、观念或成效。

22.我总是看重人、人际关系和感情。

23.我总是爱用手势、面部表情和抬高声调来强调我要阐述的观点。

24.我通常不用手势、面部表情和抬高声调来强调我要阐述的观点。

25.我通常会接受别人的观点(想法、感情和诸如此类的事)。

26.我通常不接受别人的观点(想法、感情和诸如此类的事)。

27.我通常对冒险和变革总是抱小心谨慎的态度。

28.我通常对冒险和变革总是抱积极的态度。

29.我总是喜欢把个人的感情和想法闷在肚子里,只有我愿意时才讲给别人听。

30.我总是觉得向别人袒露我的感情是件自自然然的和轻松的事。

31.我总是去追寻新的或不同的人生经历,去适应不同的环境。

32.我通常只能适应我熟悉的或有着类似的环境和人际关系的氛围。

33.我通常对别人的大小事情、兴趣所在和牵挂什么很敏感。

34.我通常只关心我自己的日程表、兴趣所在和自己牵挂的事。

35.我通常对纠纷反应迟钝。

36.我通常对纠纷反应敏捷。

O感性	G理性	D率直	I优柔
1	2	4	3
6	5	7	8
9	10	12	11
14	13	15	16
17	18	20	19
22	21	23	24
25	26	28	27
30	29	31	32
33	34	36	35

测试三:职场沟通能力测试

当你在一家高级西餐厅吃饭,服务生经过你座位旁,不小心打翻了你放在桌上的热咖啡,结果弄了一小摊污渍在你的衣服上。可气的是,菜鸟级的服务生却没有道歉的打算。这时,你会:

1.立刻跑去厕所,或只顾擦拭衣服

2.算了算了!下次小心点就好了

3.直接暴打服务生一顿

4.皱眉头,说:"有没有搞错啊?"

5.开口叫其他服务生说:"叫你们经理来!"

6.怒火攻心、说不出话,很想动手打人

结果分析:

1.立刻跑去厕所,或只顾擦拭衣服

危机应变能力一流,是企业中的高效率人员,但有时太迅速的反应会让其他人错愕。你迅速的反应是一件难能可贵的事,更是主管求之不得的事,但是不能太独断,否则无法得到大家诚心的认同。要学会尊重主管并体恤下属,如此才能达到智勇双全的最高境界。

冲动指数80%,做事态度认真、有冲劲是最佳优势,大多为企划人员或策略人员,若能善加运用,他日定能成大器!

2.算了算了!下次小心点就好了

虽然有老好人的架势,但不愧是沙场老将的风范!见多识广的你可能是个不折不扣的大老板。当员工向你顶嘴时,你总会用内在修养将这种不敬化为忠言或反映民意,所以工作上的冲突是少之又少,因为别人知道你会原谅。

冲动指数5%,脾气是不发则已,一发惊人。请适时地发一下火,否则老虎不发威会让别人误会你是病猫的哦!

3.直接暴打服务生一顿

嘿!千万使不得啊!这样冲动怎么能担当大任呢?平时个性、态度就比较冲的人,相信同事之间都有感觉,尤其是"四肢发达,有勇无谋"的坏印象就会牢牢地套住你,使你日后想转型都难!也许你并非每次和同事讨论工作时都性情急躁,但往往让人有恐惧感,视你为洪水猛兽一样。

冲动指数高达100%,最好先试着沉默一阵子。当你满怀理想抱负,找个知己的同事商量,再由代言人来发言会比你自己表达出来的好。等大家知道你的真性情,所有的成见才会瓦解。耐心点！更不要为了一点小事就嚷着辞职。

4.皱眉头，说："有没有搞错啊？"

在发牢骚的同时，你也正在试着调整自己的心情。只要面部表情能不太表现出生气的样子，应该就算不错了。也许再给你多一点时间，就可以把事情圆滑地解决掉。但是如果你要继续唠叨个没完，那就可能引起同事或领导的不悦，大家会私下把你列为"沟通障碍"。

冲动指数 20%，给你的建议是：有时无声胜有声！

5.开口叫其他服务生说："叫你们经理来！"

通常你是一个非常注重管理方式的人。简单地说，你可能是一个善于交际的主管级人士；也可能是见多了大风大浪的 EQ 高手。当你工作上与人发生冲突时，你马上想到的办法是：请更高的上司来裁决。但同时在你决定如此做的时候，可能已经得罪了许多人啦。因为其他人会认为你有打小报告之嫌，而主管也会认为你的处理能力不佳。

冲动指数 30%，通常为公司中层职员中的女性。

6.怒火攻心、说不出话，很想动手打人

当你在工作上与同事或老板意见不合时，你只会暗暗发牢骚，很少发表你真正的想法，如此一来，就算你有满肚子的好意见，别人也永远无法知道。当然要选择用和颜悦色的沟通方式，而不是靠大声就会占上风。

可喜可贺的是，你的冲动指数只有 60%，遇到这种情形会想打人是很正常的，大部分是一般上班族男性。

无论现在你是哪一态度，只要适时调整，你都能成沟通高手哦！不妨拿去测验一下同事和领导，下次与他们沟通就会得心应手。

附：资料链接

1.1995 年，美国《纽约时报》科学专栏作者、哈佛大学心理学博士尼尔·戈尔曼在其著作《情绪智力(Emotional Intelligence)——为什么它比智商重要》中提出一个著名观点："智商决定人生的 20%，情商则主宰人生的 80%。"在书中他用了很大篇幅阐述下面这个观点："认为情绪智力对于一个人的人格发展具有重要的意义和作用，其最根本之点是自我认知，并发展到对他人的认知，也就是共感能力，它是人际交往能力的基础，能左右人生的成功。"

2.据权威的《工商管理硕士就业指南》(1995 年英文版)所载，经过对全球近千家企业的调查分析，在 10 项 MBA 才能指标中，最为重要的 3 种能力分别是分析判断能力、商业经营思想、良好的沟通能力。美国普林斯顿大学曾对 1 万份人事档案进行分析，"专业技术"和"经验"只占成功的 25%，其余 75%决定于良好的人际沟通。哈佛大学就业指导小组 1995 年调查结果显示，在 500 名被解雇的男女员工中，因人际沟通不良而导致工作不称职者占 82%。由此可以看出，如果一个人的沟通能力不好，即使机遇降临，也会从身边悄悄溜走，往往会失去实现自身价值的机会。可见，良好的沟通能力在人们的一生发展中是多么的重要。

3.美国钢铁大王卡内基，在 1921 年付出 100 万美元的超高年薪聘请 CEO 夏布(Schwab)。当时许多记者访问卡内基时问为什么是夏布？卡内基说："因为他最会赞美别人，这也是他最值钱的本事"。甚至，卡内基为自己写的墓志铭是这样的：这里躺着一个人，他懂得如何让比他聪明的人更开心。

通用职业能力之三——社会适应能力

所谓社会适应能力就是高素质技能型人才能力结构系统中的一种重要能力，反映着个体在人生旅途上与社会环境相互作用过程中，面对各种变化、压力与挫折，改变自身与环境，从而使自身与社会环境之间保持协调的个性心理特征。在新的时代背景下，许多行业企业用人单位在选人用人过程中越来越看重拟用员工的社会适应能力因素。

要点指津

要点一：社会适应能力是生存之必需

我们每一个大学生朋友要在原来水平上让自己在身心各方面得到发展提高，必须首先得保证生存与生活的基本条件，如大家在同一间寝室生活，就需要有一个健康的寝室生活环境：空气要清醒、室内卫生整洁、噪声要小……否则，就可能无法正常生活以至于影响生存，而健康的寝室生活环境的维持就需要我们有一定的社会适应能力，一是要改变自己的主观世界与行为方式来适应环境，二是要主动鞭策寝室同学共同遵守寝室规定与公共秩序。又比如，要生活就不得不采购或生产蔬菜、衣服等生活必需品，在这些活动过程中就不得不与人打交道，否则，生活必需品的获取就要受阻，从而影响我们的正常生活和生存。

总之，人要生存就不得不与同类发生联系，结成这样那样的关系，也就要具备为获取生存条件而处理好与同类间结成的各种关系的能力。

要点二：社会适应能力是发展之必需

发展是个体在生理、心理及其行为方面的正性变化，让自己各方面变得越来越成熟，为在现代化大业中贡献自己的青春和热血而不断丰富知识、提升能力、健全素质。伴随岁月的流逝，大学生朋友要成为发展的个体，也必须要提升社会适应能力。当今社会，科技发展速度迅猛，知识更新速度加快，许多职业岗位的技术含金量增加，在经济社会中的“触角”增加，要顺利完成其岗位任务，就必须要树立团队意识和合作意识。与其他岗位、不同工序、不同部门、不同行业单位的更多社会人士往来互动，若沟通协调能力差、包容性差、不能在较短的时间内求同存异，在职业活动中的有效合作就要受阻，影响工作任务的如期顺利完成，无疑会影响自身事业的发展。

社会的健康持续发展以先进的制度作为后盾。大学生朋友要增强可持续发展力，还必须要增强适应社会环境的能力，比如，作为一个合格公民，应该遵守社会公德、国家法律法规；作为一个单位人、职业人，应该具有遵守单位各项规章制度的自觉意识，拥护并带头宣传国家职业资格证书制度、就业准入制度以及劳动保障方面的政策法规。自觉恪守这些制度、规章、法律，不要因为它们与自己的切身利益暂时抵触，就影响自己的学习、生活与工作，进而制约自身发展。

要点三:社会适应能力是自我实现之必需

我们每一位大学生朋友从小到现在一直在不断奋进与抗争、苦苦地追寻着,这到底是为什么呢?其实,人本主义心理学家马斯洛和罗杰斯早就给我们道出了答案。罗杰斯认为,每一个人都有追求成功、努力体现自我人生价值的动机;马斯洛需要层次理论认为,人的需要由低到高分为五个层次,即生理需要、安全需要、爱与归属的需要、尊重的需要、自我实现的需要,由此可看出"自我实现"是我们每个人的最高需要。所谓自我实现就是我们每个人人生理想抱负与追求目标的最大化实现,为国家、社会、人民作出最大化贡献,充分地发挥聪明才智,体现人之为人存在的价值。我们大学生朋友要真正自我实现,最大化地开发自我潜能,将自己的人生发挥到极致状态,必须在不断学习与社会实践之中去提升社会适应能力。因为自我潜能的开发、本领的施展以及自我实现征途上一切活动任务的完成、职业生涯路上各阶段目标的实现,都需要我们改造自己或创造性地变革环境进而与社会中人求同存异和谐共处,认可社会与所在单位并推动其向前发展。

案例分析

案例一:与狼"共舞"的孩子(狼孩为什么不能长命)

1941年,美国哈佛大学和耶鲁大学的两位教授收到了一项颇具价值的研究报告。报告声称,一位牧师在印度发现了两个由一只狼喂养的女孩,其中一个大约2岁,另一个大约7岁。小女孩名叫阿玛拉,大女孩名叫卡玛拉。报告记录了她们被人类发现后9年内的生活,其中还包括了一些由辛格神父拍摄的照片。发现的地点位于印度加尔各答市西北部的丛林里(据说,时至今日,印度乡间遗弃女婴的现象仍然普遍存在)。两个女孩的头、胸脯和肩上生长着浓密的毛发。理发之后,她们看起来才像人的样子。在狼穴里,两个女孩像狼那样四肢爬行,眼睛在黑暗中也能看清楚东西;她们的嗅觉特别灵敏,飞跑的时候像狼一样四肢着地,人们很难追赶上;她们的肩很宽,大腿不能伸直,但非常有力;她们不是用手抓东西,而是用嘴叼东西,像狼那样喝水、进食。卡玛拉尤其像一只狼,她不仅喜欢吃生肉,而且对于腐烂的肉也情有独钟。她的体温恒定不变,也不出汗。气温过高的时候,她就像狼那样伸长了舌头喘气。她的皮肤像玻璃一样光滑,而且看起来很干净,只是手掌上结下了厚厚的老茧。她披头散发,头部显得特别大。一旦听到了轻微声响,她的耳朵就会竖起来,显得非常紧张。生气的时候,她会张开鼻孔,像狼一样咆哮。如果有人妨碍了她进食,她就会龇着牙吼叫。

卡玛拉白天睡觉,一旦太阳落山就开始出没。晚上,她会和在狼群中生活时一样,每晚嚎叫三次,而且非常准时,在晚上10点、凌晨1点、凌晨3点各一次。这已经成为她不可改变的习性,这种习性的形成是因为多年来,她和狼群一起每天总要有规律地嚎叫。在重返人类社会后的9年中,卡玛拉晚上并没有停止定时嚎叫,而是一如既往,直到16岁那年死去。她的嚎叫既不同于人类的声音,也与一般动物的嚎叫不同,非常特别,实在无法描述。

卡玛拉刚被发现时,她只懂得一般六个月婴儿所懂得的事,花了很大力气都不能使她很快地适应人类的生活方式。她两年后才会直立,六年后才艰难地学会独立行走,但快跑时还得四肢并用。到死也未能真正学会讲话:四年内只学会6个单词,听懂几句简单的话，七年后才学会45个单词并勉强地学会了几句话。在最后的三年中，卡玛拉终于学会在晚上睡觉，也不怕黑暗了。不幸的是，就在她开始朝人的方向前进时，死去了。据狼孩的喂养者估计卡玛拉16岁死的时候其智力只及三四岁正常孩子的智力。

点评一：狼孩缺失生存所需的社会适应能力

与狼共舞习得"狼性"失去"人性"。人之所以"为人"而不是其它动物，就在于人有别于其它动物种类的属性，具有"人"类自身的属性，在与同类共同生活、共同参与生产劳动的过程中结成了人之为人的"人性"。而狼孩刚一来到人世间，不是与人生活在一起而是与异类的狼生活在一起，尽管狼孩先天存在人类的一些遗传基因，但是长期与狼"共舞"在一起，不仅人的潜质没有得到现实转化与开发，反而习得了狼的一些习性：四肢行走与奔跑、白天怕见阳光、夜间行动嚎叫……这些习性属狼性，是与狼一同"生活"活动所必需的；将这些狼性带到人世间就与同类人的习性格格不入，成为融入社会、融入同类的障碍，不能顺利适应现实社会，将被现实社会所淘汰。

人在生命早期是社会适应能力的关键期。社会在不断向前发展变化，尤其是当今社会发展速度一日千里。人的一生要一直享有并支配好自己的生存权，在整个人生全程中都要与社会密切接触，在参与社会活动中不断提升维持生存、在规则框架内获取生存条件的社会适应能力。少儿时期是培养提升社会适应能力的关键时期。狼孩刚一来到世上与狼生活在一起长达7年之久，失去了"习得"社会适应能力的关键时期，错过了这一关键时期，在今后的岁月中即便复归同类，其社会适应能力也很难重新习得。尽管对每个人来讲社会适应能力的"习得"是人生路上长期"修行"的结果，但是少儿期是其关键时期，必须紧紧抓住。

狼孩社会适应能力的缺失是不能继续生存的关键因素。狼孩从狼窝中回到人间，尽管经过9年时间有朝着人的方向迈进的趋势，但还是被人类社会所淘汰了——死亡了。之所以如此，主要在于狼孩缺失社会适应能力，很大程度上也就缺失了继续生存的关键性因素，不能顺利地与同类共处，按照人类社会的规则行事。社会适应能力的缺失不仅让狼孩无法有效获取正常的衣、食、住所需的基本生存条件，而且还不能用语言有效地与同类进行思想上的沟通、情感上的交流，内心不免笼罩着恐慌的心理阴影而不断远离人类。

点评二：自主支配生存权需要培养社会适应能力

狼孩被狼异化最终早早地离开人世，是令人痛心的事情。痛心之余我们不能不从中受到教益，否则，另一个狼孩的悲剧还将重演。通过以上对"狼孩为何不能长命"案例的解密不难发现：我们每一个人要自主支配生存权，自觉拥有、维持并创造生存所需的基本物质条件和精神需要，必须不断培养社会适应能力。没有基本的社会适应能力，其生存所需的与自然和社会之交换活动就不能正常进行，也就不能与外界进行必要的新陈代谢，为其生命活动提供必备的"能量"。如果要想生存质量高，还需进一步提升社会适应能力，充分融入社会，与社会和谐共生。

案例二：西南大学掀起"上大学干吗"的反思热潮（我们为什么上大学）

2007年西南大学在重庆市高校乃至全国范围内掀起了一场"我们为什么上大学"的反思活动热潮。这次活动由西南大学地理科学学院策划，西南大学学生处、团委、教务处联合主办，在运行过程中陆续开展了"我为上大学写个理由""大学生职业生涯规划导航”“向父母作一次大学生活书面汇报”等系列活动。

西南大学计算机信息与科学学院一名大四毕业生在接受记者采访时说，“即将毕业，整天忙忙碌碌，不停地奔走于招聘会之间。偶有闲暇在学校论坛里看到了这个关于‘反思’的讨论时，心里的某个地方似乎被触动了一下，拿起笔想给自己写下一个理由，却不知如何下笔，一时间回想起大学4年所有的快乐、放纵、悲伤、郁闷，甚至痛哭，但最深的感触却是莫名的遗憾，考试挂科的遗憾、错失真爱的遗憾、辜负朋友的遗憾……”

“而这些都不是最大的遗憾。最大的遗憾应该是我不知道自己未来的方向在哪里。可当记者问他是否后悔时，他笑了：“没有，亡羊补牢，未为晚矣！至少我知道，从现在开始，我要为我的奋斗找到一个理由。”

采访结束时，他再三要求：“请不要署名，我的名字并不重要，就叫我一张白纸吧！以前是一张白纸，以后是画满美丽图画的白纸，也是一张能找到人生归属的白纸。”

一位正在图书馆勤工助学的同学告诉记者：“作为农村大学生，摆脱贫困的最佳出路就是念大学，所以我必须努力。也许这样的理由在别人看来很现实，但对于我们来说却是必要的、迫切的。”

关于在大学里的生活，这位同学谈到：“如果说没有一点自卑，那是骗人的。我也很想有一个属于自己的MP3；我也很想每顿饭都有好吃的；我更想出去见识一下这个世界。但如今，我必须远离那一切，为了让父母过上好日子而坚持努力。我也相信，这只是个时间问题，付出一定能有回报。”在他的眼里，上大学的理由是简单而真切的。沉默片刻，他接着说：“其实我的理由里更多的是一份责任，对父母和家庭的责任。我两年没回家了，今年春节我回家看到父母，发现他们忽然间老了很多。我很难过，那都是因为我。我有责任让他们过得轻松一些，过得幸福一点。”

采访中，这位同学一直没有停下手中的工作，他在用实际行动证明着他的诺言。

大一女生小娇面对记者采访时语出惊人，“诸子百家我只喜欢庄子，比起那些执著于世俗的人，他懂得享受生活，懂得珍惜现在，用时髦的话来说就是随时都抱有感恩的心，因此我追求的仅仅是个过程……”当记者问她结果重不重要时，她禁不住兴奋了起来，“结果当然重要，但取得结果有两种，一种是像唐僧一样历经磨难而得到成功，另一种是孙悟空一个筋斗云载他过去，如果是后者的话我们就看不到一部旷世著作了……”小娇的内心体验的确与众不同，在她的心目中更多的是“为了读书而念大学”“为了接受大学环境的洗礼与熏陶”这样的观念。

活动开展期间，西南大学学子通过在BBS里面留言、接受记者采访以及其他形式的交流与讨论，反映出各自有各自的看法，至于到底为了什么而上大学，近乎一千个人有一千个理由、一万个人有一万个理由。诸如“为了未来的理想”、“为了找个好工作”、“为了自身的发展”、“为了更好的生活”、“为了面包和牛奶”、“为了找个好老公”、“为了学好外语能出国”、“为了自己的一种信仰与追求”等等。其实，不管理由为何，在这场自我反思和讨论的热潮中，当代大学生的心灵不免受到了震撼和触动，恍惚之间才明白，我们所反思的，其实不仅仅只是一个理由……

点评一：上大学是为人生发展创造条件，社会适应能力是创造发展条件的关键因素

上大学是为发展做准备。人生由前后衔接的许多阶段组成，各阶段都有相应的任务需要完成，若前一阶段的任务没有完成，就将影响后一阶段发展任务的完成。大学

是人生全程中的重要阶段，有着许多事情与任务需要完成，否则将牵制以后职业人生的顺利发展。

西南大学学子从不同角度就上大学的理由给出了各自的答案。有的为错失真爱而遗憾，说明上大学至少有一种责任就是寻求真爱；有的为没有完成基本学习任务挂科而遗憾，说明上大学有一种任务就是学习掌握所开设各门课程的基本内容；有的觉得上大学就是为了尽到对父母和家庭的一份责任；有的觉得上大学就是为了感恩而不断行动，感恩的过程就是不断修行的过程；有的觉得为了今后能够找到一份好工作，能够找到一个好老公，能够生活得更好……寻求真爱、学习开设课程的内容、尽孝心、感恩、找份好工作、找个好老公……凡此等等都有各自正确的一面，这些都是在为今后人生发展做准备，只是我们在大学时期不仅仅就是局限于某一方面的任务，而是应该全面学习，为今后职业人生作好最坚实而宽泛的准备。

社会适应能力是发展的重要内容。发展是一个综合概念，从国家的角度来讲不仅仅指经济发展，还包括政治、文化、社会事业等方面的发展。从大学生朋友自身的发展来讲，其内容也是多方面的，既包括西南大学学子所说的方方面面：学会感恩尽孝心、寻求真爱“找老公”、学习文化与专业知识、练就专业技能……这些本身是大学生在大学时期发展的内容与任务，但是这些内容与任务还不是大学时期发展任务与内容的全部，社会适应能力也是大学时期发展不可缺少的重要任务和内容。一方面，大学时期其他发展任务与内容的完成与实现离不开社会适应能力这一桥梁纽带与支柱；另一方面社会适应能力在未来职业人生的发展舞台上起着不可替代的作用、扮演着重要角色，大学时期把社会适应能力纳入发展内容范畴予以培养提升，有利于今后人生路上社会适应能力的进一步提升。由此，也不难发现把提升社会适应能力作为发展的重要内容也不仅仅局限于大学时期，今后人生各阶段也面临这样的任务与内容。

发展必须以社会适应能力作为基础。发展的内涵十分丰富而具层次性：首要层次包括个体在知识、能力与素质方面的“发展”，高级层次是指个体将掌握的知识、具有的能力和形成的素质进行外化对他人、集体和社会提供的服务与贡献。首要层次的发展属于个体自身的发展，不是个体发展的终极目的，这一层次的发展是为高级层次的发展作铺垫的。不管是哪一个层次的发展，都离不开要与周围的同事、朋友以及其他社会人士打交道，结成这样那样的关系；都需要我们与外在社会环境协调融合。这些都需要我们具备较强的社会适应能力，自如地驾驭社会环境，与之和谐共生。否则，发展就要严重受阻。所以，我们每一位大学生要谋求发展，必须树立发展以社会适应能力为基础的理念，转变传统学习观和发展观，走出“死读书”、“读死书”的不良局面。

点评二：大学生发展壮大自我需要提升社会适应能力

西南大学掀起“为什么上大学”的反思热潮，引发无数学子对这一看似不足挂齿、实质意义深远问题的深入思考。尽管有的大学生朋友对这一问题的回答还有一定的片面性，但是毕竟能够重新思考这一问题，就是一个了不起的转折。通过以上分析我们不难发现，大学生要发展壮大自我、成人成才，必须转变传统人才观和学习观，清楚地意识到新时期的人才不是满腹经纶、只知道读书而不知道与人协作、为民服务、和谐共生的书呆子，而是既有丰富知识又有高尚道德、既有精湛技术又有人文情怀、既有个人顽强拼搏精神又有团队协作意识、既讲求个人利益得失又有顾全大局，视国家利益集体利益高于个人利益之情操的大学生，才可能成为真正的人才。这样的人才在其能力标准之中一定少不了社会适应能力这一个因子。今天的高职大学生在不远的将来就要成为经济社会领域中的高素质技能型人才，必须抓住大学黄金时光全面学习，积极主动参加各种有益实践活动，全面提升包括社会适应能力在内的综合能力。只有这样，未来人生道路才可能更宽敞、更顺畅、更便捷。

案例三：走近中国科学院院士杨叔子（杨叔子成为中国科学院院士的奥妙何在）

杨叔子，男，中国共产党党员，中共十五大、十六大代表，中国科学院院士，著名机械工程专家、教育家，中国科学院技术科学部副主任，国务院学位委员会学科评议组成员，国家博士后流动站评议组成员，国家科技奖励评议组成员，教育部高等学校文化素质教育指导委员会主任，中国高等教育学会副会长，中国机械工业教育协会副会长，教育部高等学校机械学科教学指导委员会主任，中华诗词学会名誉会长，中国机械工程学会特邀理事，湖北省人民政府咨询委员会主任委员，湖北省科协副主席，湖北省高级专家协会会长。原华中理工大学校长，华中科技大学学术委员会主任，先后受聘为清华大学、浙江大学、南京大学、国防科技大学、第四军医大学、重庆工商大学等百余所高校兼职教授、名誉教授。荣获国家级有突出贡献专家、全国教育系统劳动模范、全国高校先进科技工作者、全国优秀教师等称号，全国五一劳动奖章获得者。

他立足于机械工程领域，把机械工程同控制论、信息论、系统论紧密结合，致力于同微电子技术、计算机技术、信息技术、网络技术等新兴技术领域交叉的研究与教学，特别是在先进制造技术、设备诊断、信号处理、无损检测新技术、人工智能与神经网络的应用等方面取得一系列成果。荣获国家自然科学奖、国家发明奖、省部级科技奖 20 项，专利 5 项。在国内外发表学术论文 500 余篇，出版专著教材 12 种，获国家级、省部级教学、图书重要奖励 13 项。指导的研究生中，已有百余人获博士学位，博士后已有 10 余人出站。

他倡导在全国理工科院校中开展加强大学生文化素质教育，在国内外产生了强烈的反响，应邀在清华大学、浙江大学、南京大学、上海交通大学、西安交通大学、四川大学、东南大学、华南理工大学、国防科技大学等国内百余所院校举办人文讲座 200 余场，吸引了近 20 万人次的听众，至今仍在全国各地继续着推广文化素质教育的事业。由他任编委会主任、汇集国内高校人文讲座精品的《中国大学人文启思录》一书，已发行数十万册，发表有关教育方面的论文 50 余篇。

硕果累累的背后定有许多不同凡响的经历。1933 年 9 月杨叔子出生在江西省湖口县，幼年主要在随父亲一道躲避日军的战火中度过，他父亲宁可“全家自杀，也不当亡国奴”的告诫在他心灵中播下了爱国的种子。他 9 岁才上小学，尽管上小学比较晚，但是在上小学以前他已背诵了许多诗词，他父亲教他读的第一本书就是《唐诗三百首》，读的第一首诗是《静夜思》，在父亲“志在国家、志在民族”爱国思想影响下，幼小时期的杨叔子便把爱国和有骨气视作一个人不可缺少的两个元素，为祖国的强大而奋斗便成为他的崇高理想。杨叔子说，正是有了这一信念，才使他几十年如一日，坚持勤奋学习，努力拼搏，百折不挠，才会有了今天的辉煌成就。

1949 年 5 月 23 日，也是杨叔子永生难忘的日子，那天正值江西南昌解放前夜，他亲眼目睹了国民党的残暴与腐败，亲身感受到了共产党人与老百姓之间的鱼水深情，从那时起，他就下定决心永远紧跟共产党。在南昌一中读完高中后，考入武汉大学，杨叔子从此与武汉这块热土结缘:大学毕业后留在华中理工大学工作,由一位普通的大学教师一步步攀登,成长为华中理工大学校长,中国科学院院士.

1952 年,19 岁的他来到武汉一直安营扎寨至今。其间,他念了大学,当上了人民教师,1978 年破格提为副教授,1980 年成为湖北省最年轻的正教授,1981 年到美国当访问学者,1991 年成为中国科学院院士,后来又兼任华中理工大学校长。

1981 年,杨叔子作为当时最年轻的教授留学海外。在留学期间一个外籍华人给他提了一个尖锐的问题:中国派出来的留学生,英文都很好,他们懂美元英镑,但是不懂得中华文化,不了解中国地理,甚至对《史记》、《资治通鉴》一无所知,国家培养这样的人有何用?

杨叔子当时语塞。因为当时确实有很大一部分留学生,宁愿留在美国当二等公民,也不愿意回国。这个尖锐的问题让他更加坚定了学成回国效忠祖国的初衷。他留学归来时,国内工资一年只有 600 美元,而在国外一个教授年薪至少 10 万美元。当时国外有几所高校乐意留他,都被他一一谢绝了。一些年轻人问他"为什么要回国?"他感慨地说:"在我们这辈人心中,出国就是为了回国。"他说:"西方有位哲学家认为,世界是'傻瓜'建成的,不是'聪明人'建成的。李嘉诚(著名企业家,爱国人士,捐建汕头大学)是'傻瓜',顾佩华(加拿大工程院院士,2005 年回国教书,当主持人)是'傻瓜'。这些'傻瓜'是打引号的,他们目光如炬,看到全局,看到长远,看到国家,看到人民;那些'聪明人'也是打引号的,他们目光如鼠,一切以个人利益为出发点,什么国家、民族都是不管的。"

报效祖国的强烈愿望驱动着他拼命地工作、创造性地工作、分秒必争地工作,就连乘飞机都在看书学习,为了节约时间与妻子一同吃学校食堂达 30 年之久。非凡的经历与执著追求的精神结出了累累硕果。

点评一:社会适应能力是夺取中国科学院院士桂冠的秘密武器

桂冠的摘取缘于感恩。杨叔子之所以成为中国科学院院士,在机械工程领域和教育科学领域结出了累累硕果,一道又一道耀眼的成果光环与之形影不离,发端于他的感恩情怀。幼年时候的杨叔子,很多时候生活在日军侵略中国的日子里,日军冷酷的嘴脸在他心中留下了阴影,其残暴的行径,让他无家可归、四处流浪,尤其是南昌解放前夜,日军的残暴粗俗与腐败猖獗的卑鄙伎俩和共产党人与老百姓之间的鱼水深情,形成了鲜明对比,让他更加坚定了紧跟共产党走的信心和决心,立志要用实际行动报效祖国、报答人民,践行中国共产党人为人民服务的根本宗旨。自幼形成的这种纯真的感恩情怀成为了他以后朝着高远志向目标进发的动力源,推动着他念完高中上大学,大学毕业勤奋工作,留学毕业主动抛弃国外优厚待遇决心回国,在科技攻关的整个历程中始终置个人生活于不顾,为了节约时间 30 年如一日始终坚持吃食堂。

感恩行动中提升社会适应能力。杨叔子用铁的事实告诉我们,感恩不只是一句空话、一种期盼,而是一种实实在在的行动。只有投身具体的行动之中才可能真正实现服务人民、为国分忧、报效祖国,感恩才不是一句空话。杨叔子的一生就是感恩行动的一生,凭借忘我工作、顽强拼搏的精神,立足机械工程领域,致力于机械工程同控制论、信息论、系统论之间的结合研究,致力于同微电子技术、计算机技术、信息技术、网络技术等新兴技术领域的交叉融合研究,在先进制造技术、设备诊断、信号处理、无损检测新技术、人工智能与神经网络的应用等方面取得一系列成果:荣获国家自然科学奖、国家发明奖、省部级科技奖 20 项,专利 5 项,在国内外发表学术论文 400 余篇,出版专著教材 10 余种，成为著名的机械工程专家、华中科技大学当年最年轻的教授、国内知名的中国科学院院士。

杨叔子的感恩行动起到了很好的实效，其中秘诀不仅在于他本人的顽强拼搏精神，学会社会适应、增强社会适应能力也是一大法宝甚至是关键性的法宝。因为随着科技的不断发展进步，许多科技攻关项目要取得突破性进展，一个人的能耐显得太微弱，需要不同专业领域的人才携手合作，扭成一股绳，否则，将事与愿违。不同个性特征、成长经历的人要能扭成一股绳合作攻关，没有较强的社会适应能力让自己与周围的同事、朋友、合作伙伴和谐共处，很难保证行动预期结果的实现。杨叔子深谙这个道理。

比如，对于难倒过无数"英雄好汉"的世界级机械工程课题"钢丝绳工作一段时间后，里面的钢丝断了多少？断在何处?"杨叔子之所以能在一年的时间内解决这一世界级难题，一个重要的原因就在于他有着很强的人际亲和力和社会适应能力，能够将师汉民教授及其伙伴团结在自己周围，形成一个无缝谐和的攻关团队，产生出了无穷的技术合力，共同研制出了"钢丝绳断丝定量检测系统"，有了这个系统，只要钢丝绳通过该系统的传感器，钢丝绳的断丝数立即就会在计算机屏幕上自动显示出来。

社会适应中彰显人格魅力。杨叔子的一生，就是学习的一生、创造的一生、无私奉献的一生，也是与社会不断融合与适应进而增强社会适应能力为自我实现铺平道路的一生。他在科技人才培养过程中发现真正的科技人才不仅要在科学技术本身方面是强将，具有科学精神，而且也必须具有一定的人文知识、人文精神，是科学精神与人文精神的"合金"，尤其是在收到一位学生的一封信后(信中反映有的硕士、博士写字歪歪扭扭，错别字连篇)，他更坚定了科技人才的培养不能忽视人文素质的教育，即时组织召开校长办公会，研究决定学生要戴硕士帽、博士帽还必须学习"国语"、背诵《论语》和《道德经》。他这样做的目的，就是为了学生能增强社会适应能力，成为社会的亲密伙伴，成为真正能在社会广阔舞台上有用武之地的人才。

为了让我们国家理工科院校在人才培养过程中转变传统教育理念，把科学教育与人文教育有机融合，在职业生涯中增强其社会适应性，更好地服务祖国与人民，他从校长岗位上退下来后，就在全国各地奔走呼吁，先后深入 100 多所高校演讲宣传近 300 场次，至今仍在全国各地传播着他的先进理念。他的演讲深受广大师生、高校领导喜欢。据了解，杨院士所到之处，每当他刚一出场露面，会场立即就爆出阵阵掌声和欢呼声，其场面无不令人欢欣鼓舞。这一方面跟他"院士"头衔分不开，但这还不是最为主要的，最为主要的原因在于他高尚的人格魅力：心中装有祖国的未来，我们的青年大学生。他每到一个地方演讲，首先给在场观众的见面礼就是深深的"三鞠躬"。至今 70 多岁高龄的杨叔子院士，尽管身体不如过去健康，但是仍然保持着这种好的传统，用实际行动潜移默化地感召着今天的大学生朋友们。俗话说，以一斑而窥全豹，由此可见杨叔子院士成功的背后有一个难得的法宝——高尚的人格魅力。在事业征程上能够彰显人格魅力的人无疑是社会适应能力发展到"极致"状态、社会适应良好、事业有成进而自我实现的人。

点评二：自我价值的实现离不开社会适应能力的培养

马斯洛需要层次理论告诉我们，每个人的需要尽管有差异，但是都表现出一定的相似性：需要是分层次的，并且是由生理低层次需要不断向自我实现高层次需要发展的。自我实现，体现人之为人存在的价值是每个人都有的愿望。但是真正能够自我实现体现人之为人存在价值的是少数。那是为什么呢？很大程度上不是他们智商不高、事业心不强、没有顽强拼搏的精神，而是在于他们“情商”不高、社会适应能力不强，不会与人有效沟通交流，缺乏团队合作的优势。杨叔子院士的高尚壮举告诉我们，我们每个人要想把自己的智慧潜能发挥到极致、实现自我人生价值，必须要有不断培养提升社会适应能力的强烈意识。社会适应能力的培养提升需要我们不断投身社会实践活动，取得服务社会和提升社会适应能力双丰收、双促进。只有这样才能不断融入社会，才有机会把自己的智慧潜能发挥到极致。

自我测评

(一)测评试题

社会适应能力，指的是一个人在心理上适应社会生活和社会环境的能力。社会适应能力的高低，从某种意义上说，表明一个人的成熟程度。下面的问题能帮助你进行社会适应能力的自我判别，把你认为正确的答案序号填在题后括号内。

1.我最怕转学或转班级，每到一个新环境，我总要经过很长一段时间才能适应。(　　)

A.是　　B.无法肯定　　C.不是

2.每到一个新的地方，我很容易同别人接近。(　　)

A.是　　B.无法肯定　　C.不是

3.在陌生人面前，我常无话可说，以至感到尴尬。(　　)

A.是　　B.无法肯定　　C.不是

4.我最喜欢学习新知识或新学科，它给我一种新鲜感，能调动我的积极性。(　　)

A.是　　B.无法肯定　　C.不是

5.每到一个新地方，我第一天总是睡不好，就是在家里，只要换一张床，有时也会失眠。(　　)

A.是　　B.无法肯定　　C.不是

6.不管生活条件有多大变化，我也能很快习惯。(　　)

A.是　　B.无法肯定　　C.不是

7.越是人多的地方，我越感到紧张。(　　)

A.是　　B.无法肯定　　C.不是

8.在正式比赛或考试时，我的成绩多半不会比平时练习差。(　　)

A.是　　B.无法肯定　　C.不是

9.我最怕在班上发言，全班同学都看着我，心都快跳出来了。(　　)

A.是　　B.无法肯定　　C.不是

10.即使有的同学对我有看法，我仍能同他(她)交往。(　　)

A.是　　B.无法肯定　　C.不是

11.老师在场的时候，我做事情总有些不自在。(　　)

A.是　　B.无法肯定　　C.不是

12.和同学、家人相处，我很少固执己见，乐于采纳别人的看法。(　　)

A.是　　B.无法肯定　　C.不是

13.同别人争论时，我常常感到语塞，事后才想起该怎样反驳对方，可惜已经太迟了。(　　)

A.是　　B.无法肯定　　C.不是

14.我对生活条件要求不高,即使生活条件很艰苦,我也能过得很愉快。( )

A.是　B.无法肯定　C.不是

15.有时自己明明把课文背得滚瓜烂熟,可在课堂上背的时候,还是会出差错。( )

A.是　B.无法肯定　C.不是

16.在决定胜负成败的关键时刻,我虽然很紧张,但总能很快使自己镇定下来。( )

A.是　B.无法肯定　C.不是

17.我不喜欢的东西,不管怎么学也学不会。( )

A.是　B.无法肯定　C.不是

18.在嘈杂混乱的环境里,我仍然能集中精力学习,并且效率较高。( )

A.是　B.无法肯定　C.不是

19.我不喜欢陌生人来家里做客,每逢这种情况,我就有意回避。( )

A.是　B.无法肯定　C.不是

20.我很喜欢参加社交活动,我感到这是交朋友的好机会。( )

A.是　B.无法肯定　C.不是

(二)测试结果解析

1.评分办法

(1)凡是单数号题(1,3,5,7……)是:负 2 分,无法肯定:0 分,不是:正 2 分。

(2)凡是双数号题(2,4,6,8……)是:正 2 分,无法肯定:0 分,不是:负 2 分。

(3)将各题的得分相加,即得总分。

2.对测试结果的解读

35～40 分:社会适应能力很强,能很快地适应新的学习、生活环境,与人交往轻松、大方,给人的印象极好,无论进入什么样的环境,都能应付自如,左右逢源。

29～34 分:社会适应能力良好。

17～28 分:社会适应能力一般,当进入一个新环境,经过一段时间的努力,基本上能适应。

6～16 分:社会适应能力较差,依赖于较好的学习、生活环境,一旦遇到困难则易怨天尤人,甚至消沉。

5 分以下:社会适应能力很差,在各种新环境中,即使经过一段相当长时间的努力,也不一定能够适应,常常困惑到与周围事物格格不入而十分苦恼。在与他人的交往中,总是显得拘谨、羞怯、手足无措。

如果你在这个测查中得分较高,说明你社会适应能力较强。但是,如果你得分较低,也不必忧心忡忡,因为一个人的社会适应能力是随着年龄的增长、知识经验的丰富而不断增强的。只要你充满信心,刻苦学习,虚心求教,加强锻炼,你一定会成为适应社会的成功者。

附:资料链接

媒介素养教育与高职大学生社会化

与发达国家相比,我国大学生的媒介素养还相对缺乏。考虑到我国传媒和大学生的特点,大学生媒介素养教育的基本内容应包括以下四个方面:(1)了解大众媒介的基本知识以及如何从媒介获取信息;(2)学习辨别媒介信息的真伪并判断其意义和价值;(3)学习利用媒介传播信息的知识和技巧;(4)了解如何利用媒介来发展和完善自我。一方面大学生通过学习对媒介信息进行分析、提炼,从媒介环境中了解现实环境的真实状况,从而为自己的学习生涯和职业生涯规划提供参照。另一方面,大学生正处在个性定型的阶段,大学生通过从媒体获取信息、分析评价信息、参与传播信息,使自己的个性得到完善,实现个体的社会化。这是媒介素养教育较高层次的内容,它使大学生以成熟的心态、理性的思维看待社会,认识自己,实现自己与社会的良性互动,既能融入社会,又能充分发挥自己的个性和才智。

社会化是社会学中的一个概念,指的是个体在与社会的互动过程中,逐渐养成独特的个性和人格,从生物人转变成社会人,并通过社会文化的内化和角色知识的学习,逐渐适应社会生活的过程。简言之,社会化就是学习和传递一定的社会文化的过程。社会化的主要内容有:(1)传授基本知识技能;(2)教导社会行为规范;(3)反映人生进取目标;(4)担当社会角色的能力。

大学阶段是人才成长的重要阶段,是通往社会的驿站,是社会化过程中的一个里程碑。大学生社会化是指大学生通过学习科学文化知识、接受教育、参与社会实践等社会环节,在掌握专业知识技能的同时,努力形成正确的自我意识,树立科学的人生观、价值观,完成大学生由自然人到社会人的转化过程。其主要内容,一是学生智能结构专业定向化,这是大学阶段最基本的任务,也是为走向社会做好知识准备;二是学生的世界观、方法论系统化,即要使学生明确人生的目的和意义,为更好地投身社会做好思想准备;三是学生的价值取向高层化,即要从思想上建立一套合理的价值体系,这是使其进入社会后保持冷静思考和判断的前提;四是学生的道德原则理性化,即为进入社会做好道德准备,这是作为一个社会人必须具备的素质;五是学生的政治方向科学化,即要把握住社会发展的总趋势,始终保持清醒的头脑,不迷失自己前进的方向;六是学生的"自我"人格健全化,即学会处理个人与集体、社会的关系,这是适应社会需要的关键所在;七是学生的人生理想体系化,即要树立远大理想,志存高远,从而承担起社会赋予的重任。也即社会化主要包括:政治社会化、道德社会化、专业素质社会化、角色社会化、知识技能社会化和心理素质社会化。

大学生社会化在大学生成才的道路上不仅非常重要和必须,而且也是复杂全面的,是大学生个体由幼稚走向成熟,从依赖走向独立,从被动走向主动并获得一定的社会角色、承担一定的社会义务的关键所在,这直接关系到大学生个人的成长,也关系到高校培养目标的实现以及社会的稳定和进步。

[摘自:http://www.alllw.com/zhijiaojiaoxuelunwen/0F3141932009_2.html]

通用职业能力之四——解决问题的能力

解决问题的能力，是指通过分析归纳与概括、判断与推理，揭示事物的本质特征并从中找出解决事物主要矛盾或矛盾的主要方面的能力。在日常工作中，经常涉及对问题的宏观理解把握和事物间矛盾关系的理解，同时又要在规定的时间和条件下拿出问题的解决方案。因此，提高解决问题的能力是十分重要的。

要点指津

要点一：解决问题的基本原则

在实施管理上，如果等到问题发生后才慌慌张张地寻找解决之道，那已经太迟，问题未发生时就采取预防措施是较正确的。无论在什么岗位上，遇到问题时，要积极面对而不是选择逃避。

“问题”可分为两种，一种是目前正发生的问题，另一种是虽然现在不明显，但如果不采取措施，就会发生的问题。因此，在预定工作的进行时，必须也将“问题发生”编列入内。

解决问题时，必须把握下列七项基本原则：

1.培养对问题的敏感性；

2.掌握问题发生的事实；

3.将问题整理分类、分析，找出问题的重点；

4.一步步地解决问题；

5.必须分清楚什么问题让组织成员去解决，什么问题自己直接处理；

6.引导组织成员发挥创造、想象力，以导出解决方案；

7.让组织成员视状况想出解决方案。

要点二：解决问题的方法

人们在生命活动中会面临许许多多的问题，要通过解决那些问题之后，才能求得自身目标的实现。对于一个问题的解决，一般会有三个阶段：发现阶段、分析阶段和解决阶段。一个人（或其他的生命体）在这方面的能力（也叫素质），也由此可以概括为三个方面，一是发现问题的能力，二是分析问题的能力，三是解决问题的能力。首先是从纷繁复杂的各种表象活动中，发现问题的真正矛盾是在哪，抓住所面对的各种现象中的关键东西。其次在正确发现问题的基础上，分析矛盾的主要方面、次要方面，分析它们如何形成、成长，分析矛盾所处的环境以及环境的发展变化。最后是在正确分析的基础上，找出解决问题的方法，把问题解决掉。

世间的事物种类繁多，品种复杂。古言说：“龙生九种，九种各别。”还不必说这各别的他们在各别活动的时候，面对诸多各别的问题了。一个人所具有的这种能力有高有低，要具有高的这种能力，并不是朝发夕至般地那样容易。自古至今，树上的苹果砸到了无数人的头上，但只有牛顿最先发现了这个问题(矛盾)，并分析解决了它，那就是万有引力的矛盾。唐初有个“房谋杜断”的说法，说的是房玄龄善于谋划，杜如晦善于决断。这一是分析问题，一是解决问题，但用了两个很了不起的人来做，可以想见这种能力的不容易。又有《论语》中说“季文子三思而后行。子闻之，曰：‘再，斯可矣。’”也是说的这个道理。

矛盾的表象复杂多变。举个很简单的例子：把一个苹果一刀切成两块，再一块一块地吃掉，就产生了一个表象问题：1＋1＝？(等于多少呢)表象的结论是一块加一块等于两块，本质的结论却是一块加一块等于一个。因为不管把苹果切成多少块，它都只有一个苹果的皮、一个苹果的肉、一个苹果的核，所以吃到最后都等于一个。这是矛盾的表面和本质的一个简单例子。事实上生命体在活动中面临的矛盾要复杂得多。它所涉及的个体(单个生命体)、群体(一群生命体)的本身性质，个体、群体各样的活动，所集中的矛盾的主次方面及主次方面的发展变化，所处的环境及环境的发展变化等等，这些东西都是复杂的。发现问题，就是要从这些杂乱的表象中发现在事物活动时常常起作用的因素，将无关的东西排开，去粗取精、去伪存真、由此及彼、由表及里，将复杂的东西简单化，找出事物活动的主要矛盾，矛盾的主要方面和次要方面。

虽然由于事物表象的复杂，而表现出众多不同的各类问题，但从生命体活动的基本规律出发，就不难找到事物活动的主要矛盾。分析问题，应该是要从生命体活动的根本目的、活动的规律这些基本的东西出发(事物矛盾的普遍性)，发现事物在具体活动中存在的具体问题(事物矛盾的特殊性)。分析它的主要方面(对事物活动起决定作用的因素)，包括在环境中如何形成、成长、发展的趋势；它的次要方面(对事物活动不是起决定作用的因素)，也包括在环境中如何形成、成长、发展的趋势。分析清楚这些东西，需要解决的矛盾也就会自然而然地清楚了。事实上，这就是一个找出事物破绽的过程。世界上完美的东西是不能存在的，要不然事物如何发展变化呢。任何事物都有它的破绽，分析出这些东西，也就是问题可以解决的时候了。

在分析时有个判断方面的问题，而且是极容易造成误解的问题。一个是正确与错误。不少人判断事物，喜欢一刀切，对是对，错是错，天生的，但实际上不会是这样，它们也应该只是程度的不同。实际上所谓的正确与错误，应该是假设在现实中存在一个理想的正确的点，而现实中的正确离它的距离，相对于现实中的错误离它的距离要近一些。正确与错误可能处于一条线上，也可能是一个面上，还可能是异面的，甚至处在不同的时空中都有可能。所以列宁说真理向前迈进一步，哪怕是一小步，也可能成为谬误。正确与错误，常常由于理想的正确的点的变化，二者与它距离的变化而发生着变化，是错永不对，真永是真，这种绝对化的、脱离具体的环境来对待正确与错误是不妥当的。另一个是偶然与必然。偶然是问题的表面现象，必然是事物活动一般的规律性。偶然是点的相交，相交为一个点；必然是面的相交，相交为无穷多个点。以下棋而论，一名高手战胜了一名低手，那是偶然的，因为高手的面与低手的点(或线)相交为一点，再相交的时候就不会是这一点了，他们相交的点是偶然的。但一名高手战胜了另一名高手，结果却是必然，因为是高手的面与高手的面相交，是境界与境界的相交，他们相交为一个面、一种境界，再次这样地相交还是这样的面。所以，最后的结果是高手与低手相交因为偶然什么都不是，而高手与高手相交因为必然就会有一种定式。

最后是解决问题。解决问题的方法很多，条条大道通罗马，本章重点介绍两种方法，一种是头脑风暴法；一种是曲线法。

(一)头脑风暴法

头脑风暴法(Brainstorming)从20世纪50年代开始流行，常用在决策的初级阶段，以解决组织中的新问题或重大问题。头脑风暴一般只用产生方案，而不是进行决策。头脑风暴法对于解决问题具有强大的威力。在一般遇到的问题中，只有少量的问题需要借助于专家来解决，绝大部分的问题都可以自己解决。而这些问题中，大约有80%左右均可以借助于同一方法来解决，这个方法就是头脑风暴。头脑风暴的具体操作如下。

1.召集有关人员。参加的人员可以是同一行业的专家，也可以是不同行业的人员，甚至可以是毫不相关的人员。人数在6～12人之间为好，如果人数太多，建议分成若干个小组。

2.选择一个合格的召集人。只要具备下列条件，人人都可以主持头脑风暴会议。

(1)了解召集的目的。

(2)掌握头脑风暴的原则。

(3)善于引导大家思考和发表观点。

(4)自己不发表倾向性观点。

(5)善于阻止相互间的评价和批评。

3.选择一个舒适的地方。选择的地点应该具备下列条件：

(1)一间安静、温度适宜、光线柔和的会议室。当然也可以户外，如草地上、假山旁、树阴下、游泳池里。

(2)严禁电话或来人干扰。

(3)最好有一台性能良好的录音机，能够把全部过程都录下来。当然也可以不用录音机，而改用快速记录。

(4)有一块黑板以及相应的书写工具。

4.头脑风暴应注意以下几点：

(1)召集人在会议开始时要清楚会议的目的、需解决的问题、头脑风暴游戏规则等，头脑风暴一次一般只讨论一个问题，如果问题很多，可分为几个独立的头脑风暴。

(2)如果有时间，可以让每个人先就所需解决的问题独立考虑10分钟左右。

(3)要求每个人对自己讲出来的方案简单说明一下，但切忌过多解释，让人明白你在说什么就行。

(4)鼓励由他们的方案引出新的方案。

(5)指定1～2位写字速度快的记录员，把每一种方案写在黑板上，使每个人都能看见，以利于激发新的方案。

(6)风暴时间一般不要超过90分钟。有时十几分钟，半个小时也可以。结束时对每一位参与者表示感谢。

5.头脑风暴核心游戏规则。

(1)集体思想。是指参与者将所有注意力集中在所研讨的问题上，排除一切其他干扰。

(2)自由奔放。是指每个人都不受任何约束地讲出解决方案，不管这个方案听起来多么可笑，或多么不切实际。头脑风暴中没有无效方案，它认为任何方案都是有效的，即使表面看起来无效、可笑，但若再发散组合一下，极有可能得到另一个平时你不敢想、也想不到的绝佳方案。只有一类方案被认为是无效的方案，那就是不具体的方案。

(3)延迟评判。这是头脑风暴"灵魂性"的游戏规则。任何时候、任何人都不要对任何方案进行评判，直到游戏结束，进入组合运用阶段为止。

(4)以量求质。头脑风暴活动永远先追求解决方案的数量，然后才是质量。它有一个基本假设：量大，一定有质优的；如果没有质优方案，那一定是因为量还不够大。所以，与一般的研讨会追求三五种解决方案不同的是，头脑风暴一般追求一次性收集三五十种、一二百种，乃至数千种可选择的解决方案。

(5)组合运用。这是头脑风暴的又一个关键阶段。之间，各种方案五花八门，此时需要对每一个粗方案进行仔细的评量、优选、再加工，乃至进行二次头脑风暴开发，以得出具有操作价值的可行性方案，供最终决策参考。

比如，对"如何激励员工"作头脑风暴时，假使有人提出的方案是：可以停薪留职。你若稍发散思维并再组合一下，可能得出另一个异想天开的方案：停职留薪。再进一步组合，就有可能得到一个时下已非常流行的对员工，尤其是对高层管理人员非常有激励作用的可行性方案：奖励公司股票或股份期权。因为这样等于你已成为公司股东，也就是说，不用上班也可以拿到钱，即停"职"留"薪"。"奖励股权"的激励措施也许最开始时就是源自于一次"头脑风暴"。

头脑风暴有如下好处：

1.易操作执行，具有很强的实用价值。

2.非常具体地体现了集思广益，体现团队合作的智慧。

3.每一个人思维都能得到最大限度的开拓，能有效开阔思路，激发灵感。

4.在最短的时间内可以批量生产灵感，会有最大意想不到的收获。

5.几乎不再有任何难题。

6.面对任何难题，举重若轻。对于熟练掌握"头脑风暴"的人来讲，再也不必一个人苦思冥想，孤独"求索"了。

7.因为头脑越用越好用，可以有效锻炼一个人及团队的创造力。

8.使参加者更加自信，因为，他会发现自己居然能如此有"创意"。

9.可以发现并培养思路开阔、有创新性人才。

10.创造良好的沟通平台，提供了一个能激发灵感、开阔思路的环境。

11.因为良好的沟通氛围，有利于增加团队凝聚力，增强团队精神。

12.可以增加工作效率，能够更快更高效解决问题。

13.使参加者更有责任心，因为人们一般都乐意对自己的主张(而不是上司给自己的命令)承担责任。

14.因为每一个人都在思考问题与解决问题，因此上司可以更轻松，可以腾出更多的精力去解决别的更重要的问题。

在我们的工作中，以及我们所知道的许多著名公司中，头脑风暴的工作方法几乎都像"家常便饭"一样被经常性使用。现在，如果你正遇到什么头痛的问题，用不着一个人关起门来苦思冥想，浪费时间，来一次头脑风暴吧，先找出100种解决方案再说。

现在，你不如按照以上操作规则，就以下某个问题或你自己正苦恼的实际问题组织一次头脑风暴，亲身感受一下头脑风暴的强大威力。

1.如何激励员工(部属)?

2.如何增加公司的凝聚力？

3.如何提高沟通效率？

4.如何提高市场份额？

5.如何提高顾客满意度？

6.如何快速得到顾客的信任？

7.如何快速提升公司形象？

8.如何形成良好的工作习惯？

9.如何与同事相处得更好？

10.如何使生产效率最大化？

(二)曲线法

曲线法是一种常见的方法，因为在两点之间，应该是直线最短。事物是往返曲折的，不是径情直遂的；且矛盾不停在发展变化着，所以成功解决问题时往往走的都是曲线。《孙子兵法》的主体思想是避实击虚，以己之强击彼之弱，就是走两点之间的曲线。战争中的迂回，体育竞技中的打空挡，书法艺术中的隐去笔锋，诗歌中的不直述，鲁迅文章入木三分的正话反说、反话正说等等，都是走曲线的一些具体例子。有句话说"一个人不可能两次踏入同一条河流"，因为发现问题时，事物是一个样子，由于事物的发展变化，在分析解决时，已经不是原来的那个样子了。所以在解决问题时，往往都不得不走最短的曲线。

要点三：解决问题的技巧

一个部门或一个企业，最怕的是把问题加以隐瞒，或习以为常，不把问题显现出来，那是最危险的，因为问题未能提出，就没有解决的机会。那么，当问题显现出来时，又是如何去解决的呢？我们常用的技巧有：5W2H 法、查检表、鱼骨图等。

(一)5W2H 法

1.作用

5W2H 法是全面考虑问题的一种基本方法。通过充分地考虑人、事、时、地、物来分析问题产生的原因，避免遗漏某些因素，为未来的路理出一条坦道。

2.内容

WHY(为何)：为什么有必要？为什么要如此做？有其他方法替代吗？

WHAT(何事)：要准备些什么？做些什么？什么事可能成为障碍？

WHERE(何处)：在什么地方进行最好？配合的工作在何处最好？

WHEN(何时)：什么时候开始？什么时候要完成？

WHO(何人)：由谁去执行？由谁来督导控制？需要哪些人配合？

HOW(如何)：如何做准备？如何去做？如何进行检查？对异常如何处置？

HOW MUCH(成本如何)：需要多少资金？需要多少物料？

3.范例

假设你要交代领料员去领料，你就得给予他明确的工作指示：要做什么(WHAT)，为什么要领(WHY)，何时去领何时完成(WHEN)，到哪里去领(WHERE)，找谁领(WHO)，需要领些什么(WHAT)，如何点数、检验、包装、搬运等

(HOW TO DO),领多少(HOW MUCH),要注意什么(WHAT),为什么要注意这些(WHY)等等。若领料员是个熟手,你可以省去某些方面的交代。

(二)查检表

1.作用

查检表以记录代替记忆,有效解决问题,避免直觉、经验、胆识的管理方式。

2.注意事项

观察必须深入,避免收集资料时遗漏数据;叙述时不可渗入情绪文字或模糊词语(如合理、足够、尽快等)。

3.种类

一种是点检表:主要注记"有/没有""好/不好""√/×"等。

一种是记录表:收集计量或计数资料,通常使用划记法(如△、|、正)。

4.设计步骤

(1)明确目的——需要了解哪些问题等(以便确定采用何种形式)。

(2)决定层别的角度——如原因别、不良项目别等。

(3)决定查检项目——问题点的原因或特性(即各层别所含的内容)。

(4)决定查检表的记录格式——如以符号还是数据。

(5)明确查检履历——对执行检查时的一些相关说明,一般附在表格的下面。主要包括:查核人、查检单位、查检期间、查检频率、查检方式、记录方式、判定方式、查检数量等。

(6)在栏外将注意事项记下。

5.范例

品质状况记录表

单　　位:　　　　　　日　　期:　　　　　　查核人:

时　　间	品　　质	状　　况	次　　数	备　　注
8:00—10:00	不良率≤2%			
10:00—12:00	2%<不良率≤5%			
13:30—15:30	5%<不良率≤8%			
15:30—18:00	不良率≥8%			

说明:次数以"正"号表示。

(三)鱼骨图

1.定义

鱼骨图又称"要因分析图"或"特性要因分析法"。所谓鱼骨图,就是将造成某项结果的众多原因,以系统的方式图解之,也就是以图表的方式来表达结果(特性)与原因(要因)之关系。因其图形象鱼骨,故称鱼骨图。

某项结果的形成,必定有其原因,设法利用图解法找出这些原因来,并加以改善对策。首先提出这个概念的是日本的品管权威石川馨博士,所以鱼骨图又称"石川图"。鱼骨图可用在管理及工程改善的各个阶段,特别是树立问题的初期。它在近代管理及工程上应用甚广,效果相当好,是一种简单而实用的管理工具。

2.作用

问题产生的原因里有重要原因与非重要原因,利用图解法逐项分析,找出重要原因,对症下药,问题才能获得解决。

3.编制程序

(1)先确定要探讨的特性(结果或成果)[用矩形框表示],再由左向右画一条线(此线称作主骨),箭头对准特性,代表造成特性之原因。

(2)找出大方向原因[用矩形框表示],通常是:人员、机器、材料、方法、管理、环境。画一条线(此线称作次骨),与主骨成 60°,箭头指向主骨。

(3)找出大原因形成之小原因。画一条线(此线称作小骨),与主骨平行,箭头指向次骨。

(4)逐步过滤,圈出主要原因(为了引起注意,最好用红色圆圈)。

4.范例

有一线生产#78500,生产效率一直偏低,连续三个月均在 65%~75%之间,试用特性要因分析法,分析其要因,并采取改善对策。

分析步骤如下:

步骤一:确定特性为[生产效率低];

步骤二:找出大方向原因[可从人员、机器、材料、方法等方面着手];

步骤三:找出形成大原因之小原因;

步骤四:找出主要原因(假设为人员缺乏训练),并把它圈起来;

步骤五:主要原因进行再分析;

步骤六:依据提出之原因拟定改善对策(略),逐项进行,检查执行状况,直至问题解决、取得成果。

要点四:解决问题的程序

解决问题时,要注意程序,如果单从表面现象,便提出问题解决策略,往往会出现舍本逐末,或治标不治本的情况,当然也无法解决问题。例如人员加班问题严重,便提出增加人手的要求,其实分析后原因可能是主管下达指令时间太慢,或是工作分配不当,或是流程设计不良所造成的。又如业绩下滑,便断定是广告投入不足,原因可能是产品质量不稳定或是激励政策有问题,所以在未分析具体原因前,切勿乱下定论,造成更大的问题与挫折。俗话说"斩草不除根春风吹又生",解决问题也要抓住根本,才能顺利处理。

(一)单一问题的解决方法

当面临单一明确的问题时,首先要把问题加以清晰的描述,并依照以下步骤解决。(以下提供案例说明)

1.何事——产品退货率增加

2.何处——在华东 15 个城市

3.时间——从 3 月中旬至今

4.程度——

(1)问题严重性:退货率从 0.7%上升至 1.45%

(2)发生现象:华东地区退货率上升,规格不能达到客户要求

(3)未发生现象:其他地区相对稳定

(4)特殊之处:华东地区以往表现都是最佳

5.变动之处——

(1)为了节省运输成本,2月起华东地区产品委托A厂代工

(2)经调查该厂过去产品质量良好,但3月10日曾更换新的模具

6.检验与求证——依照事实与逻辑分析

(1)对照出厂批号与工厂记录,发现退货率增加的现象主要发生在更换新模具后

(2)新模具的试样经我方质检人员检验签名,才能生产

(3)我方原质检人员当时休假,由代理人代为检验

(4)将该名代理人带至现场重新实施一次,发现检测手段不熟练,并且遗漏步骤302与308

7.原因确认——检验人员不熟练导致未能发现模具误差

8.紧急处置——

(1)选派王经理全权处理

(2)立即停产,由其他地区供货

(3)出退换货办法,并向主要客户道歉与说明

(4)重新开模,并严格进行质量检验

9.防止再发生——

(1)任何产品、模具、与合作伙伴的变动均需经过王经理签名同意

(2)变动前的检验必须经过甲级检验员检验通过方可实施

(3)行检验员培训,增加甲级检验员数量,建立代理人制度

(4)退货量超过原有10%,便主动调查原因,以减少损失

(二)复杂问题解决程序

以上的情况是单一的问题,有时问题极为复杂,例如公司当前的问题,或是利润下降的原因等问题,其中包含的现象与可能性极多,这时需要使用U型回路来进行,程序如下。

1.列出问题现象——运用正确的发问将问题的现象逐一列出,愈完整愈好,开会时可以写在海报纸上,或用N次贴将问题逐条列出,问题来源可以用团队脑力激荡法、问卷调查、现场观察法或统计资料。

2.分类整理——将所有的问题加以分类整理,例如业绩下滑的原因可分成环境因素、产品、营销策划、人员、管理与经销商等方面。

3.找出可能原因——将各类问题发生的原因加以确认,例如产品的问题是质量问题,包装问题,交货期问题,功能问题,还是外观问题?再进一步细分,例如外观上是工业设计不良。

要点五:解决问题的步骤

(一)步骤一,发现和界定问题

这是解决问题的第一步,发现不了问题,也就更谈不上问题的解决,进一步改善也就无从说起。问题往往并不是明显的摆在那里,而是需要你去发现和界定的。当我们觉得哪里"不对劲",哪里完成得"不够好",哪里可以做得"更有效果"时,就需要思考"问题"在哪里,找到比较根本和主要的症结所在,然后用清晰的语言把它描述出来,切

忌停留在表面现象上，不做深入思考。例如，“我的人际关系不广，大家都不认识和不了解我”，这样的描述就比较泛泛，会让你感到无从下手解决问题，而你经过分析和思考后认为“我参加社会活动太少，所以认识和了解我的人不多”，这样对问题就有了比较具体的界定，解决的方向也就比较清晰。

（二）步骤二，提出备选方案

在对问题做出了比较明确的界定后，我们就要着手考虑如何去解决问题。人们常说“条条道路通罗马”，解决问题的方案往往不只是一个，可以有很多个。每个方案都不可能是十全十美的，总是兼有优点和缺点，需要我们去评估和权衡，看看哪个方案优点多些，更适合些。在这个步骤上我们一定要克服自己“惯性思维”和“思维定势”的局限，也就是说，我们经常会使用自己已经习惯的方法、觉得“保险”的方法去解决问题，其实这样会妨碍我们学习和尝试其他更有效的方法，更是我们进行“创新”的拦路石。所以，在发现和界定问题之后，先不要急于凭习惯和冲动行动，不妨打开思路，进行一点“头脑风暴”，也可以请家人、老师、同学和朋友一起来帮你想一想是不是还有什么其他的解决方案，把它们都列出来，作为问题的备选解决方案。

（三）步骤三，选择解决方案

备选方案都列出来之后，就需要进行选择了。选择的方法应因时、因地、因事、因人而异，不过一个共同的前提就是要好好评估这些备选方案的各种可能的优缺点，尽量想得全面一些，有利于自己作出最合适的选择。有时候可能在评估之后仍然觉得有几个方案都很好，难以做出选择，这时候不妨选择其中一个，其他的可以作为后备方案。千万不要因为难以选择而迟迟不做决定，这样的结果会是很糟糕的，因为你的所有工作都是为了解决问题，不确定解决方案，你前面的所有心血都等于是白费。何况有不少问题的解决是有时限的，不允许拖的。

（四）步骤四，制订行动计划

有了解决方案，接下来就是要制订具体的行动计划了。在我们制订行动计划的时候，特别需要考虑的是计划的可行性。

（五）步骤五，执行和评估

这是问题解决的最后一步，也是最为关键的一步，只有执行了行动计划，我们才可能真正解决问题。不管我们事先所作的思考多么深入，制订的方案和计划多么全面，仍然不会是十全十美的，总会在实施中碰到这样那样的没有想到的困难。所以我们不但要执行，还有边执行边评估，根据评估结果及时修订计划，然后继续执行，这样问题将会解决得更加顺利。

以上我们给出了解决问题的五个步骤，实际上问题的解决并不是这五个步骤的机械衔接，而是一个它们不断重复和循环的过程。我们需要在实践中逐渐学会熟练的运用这五个步骤，培养解决问题的能力，不断的攻克职业生涯发展中的一个又一个“城堡”。

要点六：解决问题的能力如何提高

（一）主动承担责任

提高自己解决问题的能力的秘诀是尽量多地承担工作，并真正投入其中，坚持不懈,迫使自己的能力得以提高。

(二)做好一件事

知道如何做好一件事,比对很多事情都懂一点皮毛要强得多。一位总统在得德克萨斯州一所学校演讲时,对学生们说:“比其他事情更重要的是,你们需要知道怎样将一件事情做好;与其他有能力做这件事的人相比,如果你能做得更好,那么,你就永远不会失业。”

(三)客观地审视自己并加以完善

要想使自己的能力得到提高,就必须首先正视自己。比如说对照自己做一番客观审视,观察一下哪方面还不错,哪方面值得注意。一定要在需要改进的地方,无需他人指正就能够进行自我完善。有发展前途的人是那些了解自己并能够正视自己的人。具有这样意识的人才能在工作中步步提高。

(四)制订目标激励自己

一名解决问题能力很强的员工,总是密切关注企业的经营方向,着眼于未来,确定目标。并且为了实现这个大目标为自己设定若干个小目标,并启发自己为了这个目标而努力。员工工作中有目标,自然会朝着这个方向努力。每一个人在潜意识里都会有自我实现的愿望,员工为自己树立一个工作目标是发挥自己潜能、提升自己工作能力的重要途径。

(五)建立合理的思维方式

要提高解决问题的能力,就必须建立一种合理的思维方式。每个人都有自己固有的思维方式,它在工作中的应用直接影响到解决问题的效果。

(六)勤于思考是快速成长的法宝

解决问题能力比较强的人都特别善于思考。他们经常思考问题,在思考中找到解决问题的方法,在思考中成长,在思考中领悟工作的快乐。他们解决问题的能力也在思考中不断获得提升。

要点七:解决问题应注意的事项

(一)五分钟笔记的重要性

努力记下重点的方式于组织会议、集合众人智慧之时都非常有效。不要只在心里盘算,必须用笔写下来再进行思考才有效果。另一个则是联想效果,事前稍微思考一下,之后再听别人发言,进而联想到其他的事情,如此一来就会出现确切的反驳理论,亦即要有接受别人意见的心理准备。

(二)构思与评估分开进行

这是解决问题时所应留意的一件事。首先,思考有扩散型思考及拘束型思考两种,前者是朝向各个方面去思考并不断发展想法,后者则反过来将扩散的资讯集中在少数或一点来思考。换言之,二者用脑的方式是截然不同的,同时进行的话,反而会降低思考力。前者可说是“提出想法”,而后者即是“评估”。也就是说,想法和评估无法同时进行。

(三)首先描绘出整体形状

解决复杂的问题,就必须有解决方案的整体计划;这个详细计划不能在一开始的时候,就想做得很完美,大略写完之后,接着再针对不完整处进行细部的修改。在进行修改时,会自然而然涌现好的构想,以及想到原本被遗忘的部分。此外,即使是概略的内容,整体形态也会经由目录映入脑中,脑海中一旦有了整体形态,就可以避免矛盾,亦即能拥有一贯性思考的优点。思考若能一贯,发现错误的时候要修改就比较容易,否则由于内容支离破碎,根本连修改都成了问题。

(四)不要在心里盘算,要将想到的东西写出来

在打算思考的同时,通常就会不知不觉地陷入思考的死胡同,此时如果动手记下来的话,就可以防止这种事情的发生。人脑不仅可以在短时间之内计算,也具备完整思考的能力;这种能力只需辅助咨询来思考,也就是说,不需事先将想法、构想以及所有资讯放进自己的头脑里,只要先把它们写在一纸或笔记上即可。如此一来,脑海里就能容纳新资讯,而记忆于纸上情报只要透过眼睛,就可以再次进入脑海中将它取出。

案例分析

案例:海上自救

情境:你们正乘一艘科学考察船航行在大西洋的某个海域,考察船突然触礁并迅速下沉,队长下令全队立即上橡胶救生筏。据估计,离你们出事地点最近的陆地在正东南方向100海里处。救生筏上备有15件物品,除了这些物品以外,有些成员身上还有一些香烟、火柴和气体打火机。

问题:现在队长要求你们每个人将救生筏上备用的15件物品按其在求生过程中的重要性进行排列,把最重要的物品放在第一位,次重要的放在第二位,直至第15件物品。请你们一起讨论,在25分钟内定出一个统一方案。

附:排序用的物品

指南针

小收音机

剃须镜

航海图

饮用水

巧克力

蚊帐

二锅头酒

机油

钓鱼工具

救生圈

驱鲨剂

压缩饼干

15米细缆绳

30平方尺雨布一块

分析(答案):

1.饮用水(生存必备)

2.压缩饼干(生存必备)

3.指南针(想回家这个必需)

4.30平方尺雨布一块(可以遮海上风浪)

5.剃须镜(别小看这个镜子,有救援飞机飞过的时候可以反射阳光,引起注意)

6.15 米细缆绳(还没想好干什么,可就是觉得很有用)

7.救生圈(只是在有人落水的时候才用得到)

8.巧克力(虽然能量大,可毕竟不能当饭吃)

9.钓鱼工具(饼干吃完了,可以找点别的吃的)

10.驱鲨剂(大洋里的鲨鱼没那么可怕但还是不能不防)

11.机油(橡皮的筏子,有动力吗? 要是有就放在第 5 位)

12.二锅头酒(仅用于驱寒不可能多喝的)

13.小收音机(大海中有 FM 吗?)

14.航海图(已经知道正东南方向 100 海里所以用处不大)

15.蚊帐(大海上没蚊子吧)

自我测评

测试一:测测你解决问题的能力

在上班的路上,从远处你看到一群人在围观,好像有什么事发生了,但由于距离较远,你无法看清楚,你有种不祥的预感,你直觉这件事会是什么?

A.交通事故

B.路人打斗

C.小偷偷东西被抓了

D.发生命案

E.非法集会

F.免费赠送试用品

分析——

选择 A:你行为上较为直观,属于循规蹈矩类型,遇到问题会根据自己的逻辑来处理,但大部分时候,需要别人的帮忙,才能更好地解决问题。因此你必须在职场上处理好人际关系,在困难的时候,才有人及时给你帮助哦!

选择 B:说明你在职场上经常遇到一些问题,直接影响你的情绪和工作效率。

当问题过于严重时,你会采取偏激手法来解决,当你遇到问题,应该想想问题的根源,想办法去解决,而不是一味做出不合理的举动。

选择 C:选择这个答案的人,属于聪明反被聪明误的人,吃不了一点亏。

事实上你很精明、很善于观察别人,当工作上遇到问题时,你很会把困难推给别人。因此真正发生大问题时,很少人会站在你这边。

选择 D:你属于职场上的老好人,遇到什么问题,都会自己想办法去解决。但一个人的力量有限,可以请教上司或者同事帮助,不需要什么事情都要往自己身上扛。

选择 E:你善于交际,很会讨好人。但你过于依赖,本身欠缺实力和竞争力,一旦与别人利益发生冲突时,你往往成为别人的牺牲品。因此你必须加强自己本身的实力才能在工作中取得更好的成绩。

选择 F:你为人乐观、开朗,经常抱着侥幸之心,对问题看法过于表面和肤浅,遇到问题通常会采取得过且过的逃避方式。因此你应该学会正视问题的根源,采取有效方法来解决。

测试二:测评游戏

经典问题解决能力测试

情景演练

在服装销售过程中,如何解决顾客对服装的试穿问题?

销售情景:顾客试穿了几套衣服之后,什么都不说转身就走。

错误应对:1.难道就没有一件喜欢的吗?2.您刚刚试穿的这件不错呀。3.您到底想找什么样的衣服?4.怎么搞的,什么话都不说。

问题诊断

"难道就没有一件喜欢的吗"属于非常无趣的语言,容易得到对方的消极回答。"您刚刚试穿的这件不错呀"则属于"找打"的语言,很难使顾客停下匆匆离开的脚步。"您到底想找什么样的衣服",语气太生硬,让顾客有导购不耐烦的感觉。"怎么搞的,什么话都不说"属于导购的消极想法,出现这种问题,导购应该认真反思自己是否有做得不够好的地方并加以改进,而不能总是说顾客的不是来原谅自己。导购一定要谨记:没有命中靶心不是靶子的错,我们没有把东西卖出去,那不是顾客的错,但绝对是我们的错!

导购策略

导购可以通过主动且真诚地承担责任求得顾客的谅解,同时坦诚地与顾客沟通,请求顾客告诉自己不喜欢的原因及其真正需求。有的时候甚至可以躬下身子虚心请教,这种出其不意的行为往往可以收到奇效!

语言模板

导购:这位女士,请您先别急着走,好吗?请问是不是这几款您都不喜欢呀,还是我的服务没有做到位,您都可以告诉我,我会立即改进的。真的,我是诚心想为您服好务,您能告诉我您真正想找的是什么样的款式吗?

导购:这位女士,不好意思,请您先别急着走。其实我觉得您刚刚试穿的那一套非常好呀,是什么原因让您不喜欢呢?(探询原因)

噢,对不起,这都是我没解释清楚。其实那件衣服……(加以说明)

导购:这位女士,能不能请您留一下步?是这样子,您买不买这件衣服没有关系,我只是想请您帮个忙。我刚进入服装行业并且非常喜欢这份工作,所以是否可以麻烦您告诉我您不喜欢这套衣服的真正原因,这样也方便我改进工作,使自己取得更大的进步,真的非常感谢您。

附:资料链接

《突破困境》,台北湾广厦版集团财经传讯出版社,2000.胡铨互动管理——第一场:解决问题的能力层次。

通用职业能力之五——团队协作能力

每个人做事情，都离不开与人合作，而团队合作是合作的最高形式。时代需要英雄，更需要伟大的团队。每一个成功人物都依托着一个成功的团队。发扬团队精神，会使我们的合作更有成就。

要点指津

要点一：什么是团队

团队，是指一个组织在特定的可操作范围内，为实现特定目标而建立的相互合作、一致努力的由若干成员组成的共同体，作为一个共同体，其成员努力的结果，使该组织的目标能够较好达到，且可能使绩效水平远大于个体成员绩效的总和。

但是，对于团队的理解绝对不是这么简单定义就可以的，而是应该多方位和全面理解团队。

张瑞敏领导的海尔集团，经过短短 15 年的时间，从一个亏损 147 万元的集体小厂迅速成长为拥有中国家电第一品牌的集团。海尔集团的成功，从很多小事上就可见一斑：

1994 年 4 月 5 日下午两点，一个德国的经销商打来电话，要求海尔集团必须在两天内发货，否则订单自动失效。两天内发货意味着当天下午所要的货物就必须装船，而此刻正是星期五下午 14:00，如果按海关、商检等有关部门下午 17:00 下班来计算的话，时间只有 3 个小时。按照一般程序，要做到这一切几乎是不可能的。如何将不可能变成可能，此时海尔人的团队精神显示出了巨大的能量。他们采取了齐头并进的方式，调货的调货、报关的报关、联系船期的联系船期……全身心地投入到工作中，抓紧每一分钟，使每一个环节都顺利通过。当天下午 17:30，这位德国经销商接到了海尔集团货物发出的消息，吃惊得说不出话……

试想一下，如果说海尔集团在这件事情的处理上采取“单兵作战”，彼此不协调合作，那么这笔订单肯定是无法完成的。作为一个团队，海尔集团将“相互合作、一致努力”表现得淋漓尽致。这不仅仅得益于张瑞敏的领导，更是依赖于整个团队的每位员工的努力和贡献。

在日本企业界，无论是“松下”、“丰田”这些有名的大企业，还是一些小型作坊的经营，都在倡导一种团队精神，并用在其企业经营管理上，成效显著。在足球场上，世界任何“大牌”教练、“大牌”俱乐部，在注重发挥球星作用的同时，都在极力倡导一种“团队精神”，并总把“团队精神”放在首位。因为他们知道，只有树立起球员的团队意识，才能更好地发挥球星的作用。足球场就像一个企业，最能体现的就是“团队精神”。

记得“神奇”教练米卢在分析中国媒体吹捧自家的某一“球星”时，一语道破天机：“按照他的个人素质，理应成为世界级的球员，可惜他还欠缺与队友配合的意识，他不大能融入整个队伍中，也就是说他不是一个能为团队作出最大贡献的球员！”米卢认为对世界级球员的标准首先就是“团队精神”，这或许正是他的用人之道和神奇所在。米卢的思想不仅在足球方面，而且对任何企业用人都有可借鉴之处，寓意深刻。

要点二：团队与团体的区别

首先要说明的，团体不是团队。

一个猎人外出打猎，在一个水塘边上，抓住了一群野鸭子。猎人将野鸭子全部放入了自己的网中，背着野鸭往回走。走到半路的时候，猎人实在是太累了，于是将野鸭放在自己的身边，倒在一棵树下便睡着了。这时候，网内的野鸭连带着网一起飞走了，待猎人醒来，发现野鸭不见了，立即起身追野鸭。在路上，不断地有人让猎人放弃，但是猎人说：“如果网里只有一只鸭子，那么我怎么追也追不上，但是如果是一群鸭子，我就肯定能追上。”果然，接近黄昏的时候，猎人终于追上了野鸭。

网里的野鸭们住在不同的地方。刚开始还可以同心协力，但是到了最后，却要各自回家，必定是要被猎人追上的。

同样是由若干成员组成、也有一致的目标并能进行合作，但是为什么团体却不能成为团队？

表 6-1　团队与团体的区别

团队		团体
分担领导权	领导	明确的领导人
可自己产生	目标	与组织一样
积极	协作	中性、甚至消极
个人＋相互责任	责任	个人负责制
相互补充	技能	随机的或不同的
集体产品	结果	个人产品

在领导方面：团体当中一般都会有明确的领导人；而团队可能不同，尤其是当团队发展到一定阶段的时候，团队成员共享决策权。

在目标方面：团体成员的目标被强制与组织保持一致；而团队除此之外，还可以制定自己的目标。

在协作方面：协作性是团体和团队最根本的差异，团体的协作性往往不佳，有时带有消极甚至对立情绪；而在团队中则充满了一种齐心协力的气氛。

在责任方面：团体的领导者要承担很大的责任；而团队中除了领导者要负责之外，每个团队成员都要承担相应责任，甚至要相互作用、共同负责。

在技能方面：团体成员的技能可能是不同的，也可能是相同的；而团队则是把不同知识、技能和经验的人综合在一起，团队成员的技能是相互补充的，从而实现整个团队的有效组合。

在结果方面：团体的绩效是每一个个体的绩效相加之和，甚至由于某些原因还会小于该值；而团队的结果或绩效是由成员共同合作完成的产品，其绩效可能是一加一大于二。

由上述 6 点中我们可以看出，团体不是团队，也不会成为团队，二者之间具有根本的区别，所以不能混为一谈。

看看以下的几个单位，哪些是团体，哪些是团队？

国际米兰足球队

微软技能开发部

NBA 全明星篮球队

公车上的乘客

飞机场候机大厅的旅客

出国旅行团

很显然，以团队为标准的话，国际米兰足球队、微软技能开发部是绝对的团队。不仅仅是因为他们长时间待在一起，更因为他们有着共同的目标且必须携手才能取得成功。相对而言，公车上的乘客、飞机场候机大厅的旅客，以及出国旅行团则不是团队，只是团体而已。有争议的是 NBA 全明星篮球队，在队中的每一个人都来自不同的地方，也有着对取胜的渴望，但是却未必能各司其职，另外，NBA 全明星在周末更多的是为了娱乐，所以，NBA 全明星篮球队不是绝对意义上的团队。

要点三：与团队一起成长

个人只有投入到团队之中，才会有无穷的力量。无论是在大学校园里，还是在社会上，人都是不能离群索居、独立存在的。

“飞人”乔丹是全世界公认的最为优秀的篮球运动员之一，他曾率领芝加哥公牛队 4 次夺得 NBA 总冠军。有人说是乔丹造就是公牛，而乔丹却总说是公牛造就了他。因为没有公牛队这个团队的努力，也不会有他个人的成功。

其实，纵观古今中外，任何人的成功都离不开团队的力量——智勇双全的张良若不是投靠了刘邦起义军，能实现宏图大志吗？离开了笛卡儿的启示和前人的研究成果，牛顿很难提出有名的“牛顿第一定律”。一朵再鲜艳的花也打扮不出春天的美丽，个人只有融入团队之中才能实现自己的人生价值。

团队对于当代大学生来说，更是生活中不可或缺的一部分。我们的社会并不排斥个人奋斗，但个人不可能在超现实的虚无社会中奋斗。离开团队的支持，个人的奋斗就会成为无源之水、无本之木，就算有再大的力量也终究会枯竭。

团队来源于个人，它为个人服务，保护和发展个人的利益。团队利益是个人利益的高级形式，在本质上它还是个人利益，是个人利益的变体。只有在团队生活中，个人才能逐步体会到团队的荣辱与个人的关系以及个人在团队中的地位和作用。

2006 年 3 月 25 日，CCTV 体坛风云人物颁奖典礼在中央电视台举行，体坛风云人物组委会把“未名体育人士奖”颁给了吴桥杂技学校的小学生们，因为他们在日本举行的“30 人 31 足”比赛中取得了非常优异的成绩。在日本，每年都有这样的比赛，用 31 条腿跑 50 米。每年的比赛都会邀请一支外国参赛队，去年邀请了中国吴桥杂技小学的同学们参加这个比赛。只有一个月的准备时间，最终他们依靠每个人的努力在有两千多支参赛队参赛的情况下夺得第四名的成绩。试想，如果其中的一个人和其余的同学步调不一致，结果会怎样？

大学生活也是一样，团队的发展总是离不开每个成员的努力和付出，离开任何一个人的努力，团队都不会是一个完整的团队，也不会是一个有活力、勇于进取的团队。反过来说，只有一个活力、勇于进取的团队，才能培养出最优秀的个人，提供个人理想实现的肥沃土壤。

要点四:团队的力量

在西点军校,学员们必须通过加强自身的团队意识来了解一切共享的重要性。对新学员而言,没有个人的行为目标,只有团队的共同目标。如果新学员独自一人快速地完成了动作,提前报到接受仪容检查,扣环、皮鞋都擦得非常亮,对新学员常识也倒背如流,但和他同组的所有学员都比他迟很多,那么他不仅不会因个人先进而获得表扬和奖励,相反会受到所有队友们的冷落,更有甚者会受到处罚。

作为团队中一个分子,如果不融入这个群体中,总是独来独往,唯我独尊,必定会陷入自我的圈子里,无法得到友情、关爱和他人的尊重。一个具有独立个性的人,必须融入到群体中去,才能促进自身发展。

著名心理学家荣格曾列出一个公式:I+We=Full,意思是说,一个人只有把自己融入集体中,才能最大限度地实现个人价值,绽放出完美绚丽的人生。认识自己的不足,善于看到别人的长处,是具有良好团队精神的基础。

我们知道,在所有的动物之中,狼是将团队精神发挥得淋漓尽致的动物。狼者,群动之族。攻击目标既定,群狼起而攻之。头狼号令之前,群狼各就各位,欲动而先静,欲行而先止,且各司其职,嚎声起伏而互为呼应,默契配合,有序而不乱。头狼昂首一呼,则主攻者奋勇向前,佯攻者避实就虚,助攻者蠢蠢欲动,后备者厉声而嚎以壮其威……久而久之,狼群也就演化为"打群架"的高手。

在这个充满挑战的社会里,我们很容易陷入个人思想的漩涡中。然而,单干的时代已经过去,没有一个单一的公司或个人能够拥有他所需要的全部资源并完成所有的事情。唯一的办法是组成强大的团队,使团队创造最大的效益。

要点五:养成与团队合作的习惯

合作是团队的最大优势,成员间的默契配合会使团队发挥出最强大的力量。一个人的能力是有限的,只有与人合作,才能弥补自己能力上的不足,达到自己原本达不到的目的。

养成与团队进行合作的习惯是非常有效的,有证据表明当完成某一工作任务需要多方面的技能、判断或经验的时候,团队合作的方式要比个人方式做得好。怎样培养自己团队合作的习惯呢? 方法主要有:

1.增强自己对团队的认同感。要激励自己努力成为团队中的一员,并强烈感觉到自己与团队所有成员"风雨同舟"、"同呼吸共命运",为之而感到自豪。这对促进自己与团队合作非常有利。

2.要让自己认识到与团队成员的合作以及贡献对于整个团队获取成功至关重要。对于整个团队,每位团队成员的贡献都是可以衡量的,也就是说,缺少团队的任何一个成员团队都将会以失败告终。

3.养成与团队成员沟通的习惯。要明白团队的每一个成员都有自身的优点和长处,加强彼此的沟通,了解别人之长,发挥别人之长,让其为团队的成绩发挥最大的作用,为此,与团员成员之间的沟通互信是提高团队合作的重要途径。

培养团队协作能力,实际上就是学会如何与团队合作共事。因此有人说,一个人是一条虫，两个人才是一条龙，合作的重要性由此可见。部分刚刚毕业的大学生往往总是以"自我封闭"的方式工作，不愿与别人共同分享团队合作的果实，造成无法顺利开展自己的工作，这不仅对企业来说是一种损失，对员工个人来说也是一种损失。如果善于与人合作，能将自己融入团队中，依靠集体的力量，那么他就能完成个人所不能完成的工作任务。一个人在工作中获得成功的捷径，就是善于同别人合作。

要点六：培养自己的团队精神

世界著名的肯德基之所以成功，经验之一就是有一支优秀的团队。同样，很多日本企业之所以具有强大的竞争力，其根源不在于员工个人能力的卓越，而在于其员工整体"团队合力"的强大，其中起关键作用的是弥漫于企业的无处不在的"团队精神"。

那么，什么是团队精神呢？团队精神是指团队成员共同认可的一种集体意识，是团队所有成员的心理状态和工作士气、共同的价值观和理想信念的体现，是凝聚团队、推动团队发展的精神力量。团队精神强调团队内部各个成员为了团队的共同利益而紧密协作，从而形成强大的凝聚力和整体战斗力，最终实现团队目标。

鉴于团队精神的重要性，越来越多的用人单位在选择员工的时候，都会把是否具备团队精神作为一个重要条件。因此，大学生在校期间要特别注重自己的团队精神培养，虽然学习阶段很少有机会像在企业中那样对一个人的团队精神有很高的要求，但是仍应该开始寻找机会培养自己的团队精神，使自己能在工作后成为团队中融洽的一分子。

要点七：培养团队精神的六个法则

1.培养敬业精神

培养自己的团队精神，首先要从认清职责，培养敬业精神开始。敬业就是把使命感注入自己的工作当中，尊重自己的职业，将工作当成自己的事，专心致力于事业，千方百计将事情做好，并从努力工作中找到人生的意义。其具体表现为忠于职守、尽职尽责、认真负责、一丝不苟、善始善终等职业道德。

敬业是积极向上的人生态度，而兢兢业业做好本职工作是敬业精神最基本的一条。有人说，伟大的工作和重要的岗位容易调动敬业精神，那些普普通通的工作，想敬业也敬不起来。在他们眼里，房屋维修和公共汽车售票员是否就是"想敬业也敬不起来"的工作呢？但徐虎、李素丽并没有看不起这份工作，他们发扬高度的敬业精神，在平凡的岗位上做出了不平凡的贡献。

缺乏敬业精神是团队建设不容忽视的问题。根据盖洛普进行的42项独立研究表明，在大部分公司里，75%的员工不敬业。研究结果还说明，员工资历越长，越不敬业。平均而言，员工参加工作的第一年最敬业。随着资历加深，他们的敬业度逐步下降。大部分资深员工"人在心不在"或"在职退休"。这样的团队成员，自然不能把事情做好。个人做不好事情，就没有团队的整体绩效。所以，不敬业的员工会给所在公司带来巨大损失，表现为浪费资源，贻误商机以及收入减少、员工流失、缺勤增加和效率低下等。

2.永远不要找借口

培养自己的团队精神，第二个重要的做法就是永远不要找借口。

一件任务接手后，需要考虑的是如何尽心尽力地完成它，而不是当时拖沓，到了需要结果的时候寻找各种借口为自己开脱。团队需要的不是你的借口，而是你的结果；团队需要的不是会找借口的人，而是想方设法完成任务的人。在他们身上，体现出一种服务、诚实的态度，一种负责、敬业的精神，一种完美的执行能力。

早上例行的会议迟到了，听到的解释有"路上堵车"、"闹钟没响"等；业务拓展得不行，会有"制度不行"、"行业萧条"等借口。总之，当一件事情没有做好的时候，总是有各种各样的理由为自己开脱。如果团队中的成员都是这样的工作作风，团队何来竞争力？

3.要为更高的追求去工作

培养自己的团队精神的第三点是，为了更高的追求去工作，而不仅仅是薪水。

工作需要得到薪水，但刚刚毕业进入社会的大学生，薪水并不是工作的唯一目的。把工作作为养家糊口的一种手段，必然会抹杀对工作的激情。工作永远有着远比薪水更为丰富的内涵。工作承载着人的理想和追求，只有为了某种梦想或使命去工作，人的潜力才会被极大地调动，才有可能获取更大的成功。

不可否认，现实常常摧残着梦想，在遭遇失败的时候，很多人会想着为了一份稳定的收入放弃梦想，然而正是这一次的放弃使自己与成功无缘。百折不挠的人才能真正品尝成功的滋味。

4.认清自己的职场角色

培养自己的团队精神需要注意的第四点是，清楚职责所系，不要出现职场角色错位。

许多大学生在初入职场的时候容易犯这样的错误：公私不分明，以"婴儿"的姿态面对同事。出现这种"办公室婴儿"的现象，正是没有搞清楚自己在职场中的角色，没有很好地完成从学校到职场的转型。

进入职场后，同事之间是平等的，没有谁会事事容忍你，尽管工作上免不了互相协助。因此，扮演好自己的角色，圆满地完成职责赋予你的任务是非常重要的，而不应该再以未成年人的态度来面对角色。

5.每天多做一点点

每天多做一点点，这是你培养团队意识的第五条法则。

不要太过计较你的付出，每天多做一点点并不会使你劳累到无法支持的程度，相反，你的付出会有丰厚的回报：一是大家的关注，尤其是领导的关注；二是你在付出过程中会学习到新的东西，还有心灵上的享受。

也不要太和周围人计较，即使不是自己的工作，多做一点点也无妨，因为帮助别人就是帮助自己，人们都不愿意与自私冷漠的人交往，帮助同事多做一点点可以为你获取良好的人际关系。当然，每个人都有自己职责所系，不要让自己的帮助成为别人推卸职责的借口。

多做一点点的另一层含义，就是要自动自发地工作。

自动自发就是没有人要求你、强迫你，而你却能自觉而且出色地做好自己的事情。这也是团队需要的一种精神，一种态度。

6.善于有效沟通

培养自己团队精神的第六点是有效沟通。

职场中的沟通不同于朋友间的沟通。朋友间的沟通往往只是为了放松和快乐，职场中的沟通以工作为主题，沟通双方是结盟伙伴关系，良好有效的沟通能够促进工作的开展。

沟通是人际交往非常重要的手段，不沟通，谁也无法了解对方。团队没有交流沟通，就不可能达成共识；没有共识，就不可能协调一致，不可能有默契，就不能发挥团队绩效，也就失去了建立团队的基础。所以，有效沟通是建立高效团队的前提。

要点八：团队精神的成功训练

团队精神就是团队成员为了共同的目标而奋斗，为达成这个目标而具有的承担责任，拼搏奉献，共同分享，舍小我顾大我的精神。团队精神的核心是具有共同的理念、信念和目标。为了明天的成功，参加今天的训练吧。

我们的拉拉队

活动目的：

增强团队士气，保证目标的实现，通过协作来加强团队的创造力。

活动准备：

1.参与人数：10～20 人一组；2.时间：30 分钟；3.场地：不限；4.道具：纸笔，彩纸等。

活动程序：

开场白：在每场或大或小的比赛中，总有拉拉队在每个队的身旁为大家加油鼓劲，不要小瞧这些看似无关紧要的拉拉队，这正是反映集体合作精神的最佳时机。

过程：

1.10～20 人一组，然后让每一组的人都设想他们要为一场体育比赛或者其他什么比赛充当拉拉队。

2.要求他们在 20 分钟之内，尽可能多的编出对于本组比赛有利的一切东西，比如口号、舞蹈、顺口溜等。

3.让各个拉拉队进行表演，大家评判一下哪一组最有创造力，最能够鼓舞士气。

相关讨论：

1.你们组是如何设计口号和舞蹈的，主要考虑了什么因素？

2.拉拉队的角色是不是很重要？为什么？

总结与评估：

1.拉拉队和比赛者是一个团体，它对于比赛者而言有着不可小觑的作用。同样是一场比赛，如果你的拉拉队人声鼎沸，表现出众，就一定能带动现场的气氛，带动大家的情绪，增强本组人的斗志。

2.拉拉队本身还是一个团队，也需要成员之间的分工合作，比如有舞蹈天分的就去编舞跳舞，有文学天分的就去编一些口号、标语，总之大家八仙过海，各逞所能，目的就是要帮助比赛者能够更好地赢得比赛。

胜利逃亡

活动目的：

培养团队合作精神和意识，训练提前制订计划的意识和能力，培养解决问题的能力。

活动准备：

1.参与人数:8～10 人一组;2.时间:15 分钟左右;3.场地:空地;4.道具:棉垫,绳子,竹子。

活动程序:

开场白:在一个团队中,事先的计划和安排是非常重要的,每一件事情都应该是大家的事情,而不是单纯一个人的事。本活动就可以帮助大家充分地了解到这一点。

过程:

1.培训师事先挂起一根绳子,以代表监狱的电网,绳子的高度控制应该视人员的身高程度而定。在绳子的后面要铺一块棉垫,以防学员摔在地上,有所闪失。

2.培训师公布大家的任务就是要组织一次胜利大逃亡。每个小组都要从绳子的一端越到绳子的另一端,并且在此过程中,可以借助一根竹竿帮忙,但是不能触及到电网。

3.最后一名队员要将竹竿也带走。

相关讨论:

1.本活动成功的关键在什么地方?你们组是如何完成这个任务的?是一上来就一个一个地跳,还是事先有所计划?

2.活动中,什么地方最能体现你们的团队合作精神?

总结与评估:

1.本活动最困难的地方是要最后一名学员在最后将竹子带走,这不应该是这个学员自己的事情,而是应该在一开始就有所计划,商量出一个妥善的办法之后再开始活动。

2.计划是成功的关键,而良好的团队合作精神和集体荣誉感是进行计划、合力完成任务的前提,所以只有培养大家的团队合作意识才有可能保证活动顺利进行。

我们的团队

活动目的:

理解什么是团队文化,加强对团队文化的认同,引入激励机制,增强团队凝聚力。

活动准备:

1.参与人数:10～12 人一组;2.时间:30 分钟;3.场地:教室或空地;4.道具:每组一面彩旗,一支旗杆,一盒彩笔。

活动程序:

开场白:人具有社会性,都渴望归属感。如果一个人不属于社会上的任何一个团队,那么这个人很难立足于这个社会。这个活动就是让学员体会团队文化对他们自身的重要性。通过建立团队,增强学员的归属感和凝聚力。

过程:

1.培训者将学员分成 10～12 人一组,发给每组一面彩旗、一支旗杆和一盒彩笔。

2.每组用 30 分钟建立小组的口号、队名、队歌和标志。

相关讨论:

1.你们组为什么以这种形式作为建立团队的第一步?如果不是这一步,你可以是什么?

2.你们的创作是从哪里得到的启发和借鉴?主题是什么?

3.在创作过程中,你们每个人的贡献是怎样的?谁的贡献最大?

4.是否出现过意见不一致的情况?是怎样解决的?

5.这个活动对你们的启发是什么？

总结与评估：

1.团队文化是团队所有成员精神力量的集合，但是对于这种无形的精神力量，尽管人们不停地研究，还是不能很明确地定义出来，这就需要借助一些手段来帮助员工切身体会团队文化的奥秘。这个活动就是一个很好的契机，通过学员亲自开动脑筋创造出来团队文化，就是时时刻刻从团队成员的外表形象和行为举止中流露出来的精神力量。

2.这个活动体现了团队的力量，激发了团队的智慧，更能折射出“团队文化”。在活动刚开始，可能大部分组员都不知道从何下手，那是因为大家那时还没有理解团队的真谛。随着活动的深入，学员们的感觉会越来越好，团队的概念会渐渐深入人心，那样任务就会容易完成得多。

无言的自我介绍

活动目的：

团队沟通及技巧训练。

活动准备：

1.参与人数：2 人一组；2.时间：10 分钟；3.场地：教室。

活动程序：

开场白：在人际交往中，语言固然重要，但是一些重要信息的获取却大多来自非语言信息，比如通过观察对方的肢体语言、同伴间的眼神交流等等。一般非语言信息远远比语言信息真实，因为它们是由意识产生的，而不像语言那样可以思考和修饰。此活动就是提供了一个机会，让大家体验一下利用非语言进行交流的感觉。

过程：

1.将学员分成 2 人一组。告诉他们今天的任务是搭档介绍自己，前提是不是借助语言和文字。

2.自我介绍的全部过程都要通过肢体语言来完成。他们可以采用很多形式，比如通过指自己身上的某些特征、标志、手势和表情等。

3.大家明白要求后就可以开始，先请一方用两分钟的时间介绍自己，然后再换另一个人。

4.交流后请双方用语言确认一下自己获取的信息是否准确，可以讲一下对搭档的了解，让搭档做评判。

相关讨论：

1.你向搭档介绍自己时，自己认为是否表达准确？你的动作是否到位？搭档在多大程度上明白了你的意思？

2.你的搭档向你介绍自己时，他是否感到吃力？你明白了多少他的意思？

3.你的同伴用了哪些好的方法，并使你大受启发？

4.我们用这种方法交流时存在哪些障碍？我们应该怎样避免它？

总结与评估：

1.当我们用肢体语言表达自己时，可能会存在这些障碍：

(1)我们不是舞蹈演员，所以会缺乏形体表达的经验，往往会摆错姿势或不到位。

(2)我们很可能因为面部表情缺乏而表达不清自己的意思，试想在平时的工作中我们就摆一副“扑克脸”,这个活动正好让我们的面部肌肉活动一下。

(3)一个最大的障碍是各自的背景不同,即使同一个姿势在不同地区也会有不同的意思。

2.为了更好的沟通,我们是否应该多想一下对方的背景和理解程度。有时,即使多做一个微小的动作就可以使我们的交流进入一个新境界。人人如此,交流也就不困难了。

案例分析

案例一:没有人能独自成功

某公司要招聘一个营销人员,报名的大学生很多,经过层层考试,最后只剩下三个竞争对手进入最后一轮考试。

为了测验谁最适合这个职位,公司出了一道怪题:请三名大学生到果园里摘水果,看谁摘得多。

三名大学生一名身手敏捷,一名个子高大,还有一名个子矮小。看来,前面两个最有可能成功,但正好相反,最后获胜的竟然是那个矮个子。这到底是为什么?

原来,这次考试是经过精心设计的,三名竞争者要摘的水果都在很高的位置,很多都在树梢。个子高的人,尽管一伸手就能摘到一些果子,但数量毕竟有限。身手敏捷的人,尽管可以爬到树上去,但是树梢的一部分,他就够不着了,而个子矮小的人看来毫无优势可言。这位小个子的应聘者意识到这次招聘非同寻常,也许个个都是考官,也许处处都是考场,所以在刚进门时,他就很热情地和果园的守护老头打了招呼。他很谦虚地请教老头是怎样摘这些树梢上的水果的,老头回答说有梯子。于是,他向老头提出借梯子,老头十分爽快地答应了。有了梯子,摘起水果来自然毫不费力。结果,他摘得比谁都多。因此,他赢得了最后的胜利,获得了营销员这个职位。

点评:无论是企业、组织还是个人,都不可能是完美无缺的,都不可能是万能的,总会存在这样或那样的缺陷。只有借助他人的力量,和许多志同道合的人一起合作,把个人的目标融合在一起,形成一个共同的目标,并为之奋斗,才能取得更好的效果,赢得最后的成功。

案例二:离群的大雁飞不到南方

安妮和詹纳大学毕业后同在一家公司工作。一天,经理布鲁斯分别交给她们一项开发大客户的任务。由于她们的任务都比较艰巨,因此在她们离开经理办公室时,布鲁斯特意叮嘱她们:“如果有什么需要帮忙的话可以直接找我,同时要注意和其他部门的协调。”

安妮的业务能力很强,虽然刚毕业参加工作不久,但她在广告部的业绩非常突出,因此她有些自负。离开办公室后,安妮心想:“布鲁斯有什么能力,他只不过比我早到公司几年罢了,我解决不了的问题恐怕拿到他那里也没办法解决。再说,开发大客户的任务怎么和其他部门协调,其他部门怎么懂得这种事。凭我自己的能力和智慧一定能完成这项任务的。”

詹纳进入公司以来,一直谦虚好学,但业务能力一直略逊安妮一筹,不过在团结同事和谦虚的学习精神方面安妮就大不如她了。走出经理办公室以后,她就直接到公司企划部和售后服务部向大家打了一声招呼："过几天我可能有一些问题要向大家请教，同时也需要大家的合作，我先在这里谢谢大家了。"詹纳同时还想，虽然安妮一向骄傲，但要想提高自己的业务能力，就必须向她多学习，不到万不得已的时候不去麻烦布鲁斯先生，但在客户沟通等方面确实需要布鲁斯先生的帮助。

这次任务确实比以前艰难得多，通过向安妮和布鲁斯先生学习，以及公司其他部门的配合，詹纳的任务超额完成了，她为公司带来了好几笔大生意。当然，公司也给了她优厚的奖励，而且还让她和其他部门的优秀员工一起到夏威夷免费旅游。而安妮也联系到了一些大客户，但由于她向企划部交代的事项不清楚，导致为客户所做的方案不够详细。最终，有些客户选择了其他公司，有些客户则因为没有得到更多的服务承诺而离开了，还有一些客户觉得安妮的公司不够重视他们，因为他们从来没有见过更高层次的管理者和他们交涉。"这些大客户真是越来越难对付了。"安妮无可奈何地想。最后，她只能联系一些小客户以弥补自己在这次任务中的损失。公司也由于没得到那些本该属于自己的大客户而比竞争对手少了许多利润。

点评：詹纳和安妮的事例告诉我们，在现代企业，团队的力量远远大于一个优秀人才的力量，而脱离团队的人是很难取得成功的。脱离团队的人犹如离群的孤雁，单靠自己的飞行，它便找不到方向，而得不到队友的"向上之力"，它通常是彷徨无助的，南方对于它来说实在是太遥远了，最终只能落得孤雁哀鸣的下场。

案例三：没有完美的个人，只有完美的团队

在一次世界杯上，巴西队成为夺冠热门，被寄予厚望，因为巴西队中拥有大小罗、卡卡、阿德里亚诺、罗比尼奥等明星球员，堪称"五星级"阵容，被媒体称为"史上最强的巴西队"。

在夺冠的过程中，巴西队遭遇了法国队。最终的结果出人意料，法国队以一个点球让巴西队止步八强，巴西夺冠梦想再次破灭。

为什么拥有明星阵容的巴西队会失败呢？

在赛前，球王贝利就曾经表示，他对巴西和法国的相遇有不祥的预感。罗西对这两队的评论可以为贝利这种不祥预感加上注脚，罗西说："这次他们怎么看都不像是一支强队，更像是一群没有凝聚在一起的天才球员。"

足球从来不是单打独斗的项目，集体协作、发挥团队的效能，才有可能在风云变幻的世界杯赛场上占据优势。球员们在比赛中并没能显示出五星级的实力，核心球员状态低迷，球员之间各自为战，整体配合不佳，最终令阵容最强、光芒四射的巴西队与冠军擦肩而过。而法国队却能发挥团结协作的优势，聚集团队成员的所有力量，最终获得了胜利。

点评：全队拧成一股绳，发挥团队的最大力量，这就是法国队获胜的秘诀！

一个企业的成功不是靠一个人或几个人来实现的，必须通过全体员工的努力。个体永远存在缺陷，而团队则可以发挥每个人的最佳效能，可以创造完美。一流的工作团队之所以会出类拔萃，是因为他们的成员能抛开自我，彼此高度依赖，团结一致为整体的目标作出贡献。

自我测评

测试一:团队协作能力测试(一)

1.如果某位中学校长请你为即将毕业的学生,举办一次介绍公司情况的晚间讲座,而那天晚上恰好播放你最喜欢看的电视剧的大结局,你如何选择(　　)

A.立即接受邀请

B.同意去,但要求改期

C.有约在先为由拒绝邀请

2.如果某位重要客户在周末下午 5:30 打来电话,说他们购买的设备出了故障,要求紧急更换零部件,而主管人员与维修师已经下班,你该如何处理(　　)

A.亲自驾车去 30 公里以外的地方送货

B.打电话给维修师,要求他立即处理此事

C.告诉客户下周才能解决

3.如果某位与你竞争最激烈的同事向你借一本经营管理畅销书,你如何处理(　　)

A.立即借给他

B.同意借给他,但声明此书的价值并没有那么好

C.欺骗他书被别人借走了

4.如果某位同事为方便自己出去旅游而要求和你调换休息时间,在你还未决定如何度假的情况下,你如何处理(　　)

A.马上应允

B.告诉他你要回家请示妻子

C.拒绝调换,推说自己已经参加旅游团了

5.在你急匆匆地驾车去赴约途中看到一位同事的车出了故障,停在路边,你如何处理(　　)

A.毫不犹豫地下车帮忙修理

B.告诉他你有急事,不能停下来帮他修车,但一定帮他找修理工

C.装做没看见

6.如果某位同事在你准备下班回家时,请求你留下来听他倾诉内心的苦闷,你如何处理(　　)

A.立即同意留下来

B.劝他等第二天再说

C.以妻子生病为由拒绝其请求

7.如果某位同事因要去医院探望妻子,要求你替他去接一位乘夜班机来的大人物,你如何处理(　　)

A.马上同意替他去接

B.找借口劝他另找别人帮忙

C.以汽车坏了为由拒绝

8.如果某位同事的儿子想选择与你同样的专业,请你为他做些求职指导,你如何处理(　　)

A.马上同意

B.答应他的请求，但同时声明你的意见可能已经过时，他最好再找些最新资料做参考

C.只答应谈几分钟

9.你在某次会议上发表的演讲很精彩，会后几位同事都向你索取讲话提纲，你如何处理（　　）

A.同意，并立即复印

B.同意，但并不重视

C.不同意，或虽同意，但转眼就给忘记

10.如果你参加了一个新技术培训班，学到了一些对许多同事都有益的知识，你会怎么处理（　　）

A.返回后立即向大家宣布并分发参考资料

B.只泛泛地介绍一下情况

C.把这个课题贬得一钱不值，不泄露任何信息

分析：

全部回答为A，表示你是一位极善良、极有爱心的人，但你要当心，千万别被低效率的人拖后腿。

大部分回答为A，表示你很善于合作，但并非失去个性。认为礼尚往来是一种美德，在商业生活中亦不可或缺。

大部分回答B，表示以自我为中心，不愿意为自己找麻烦，不想让自己的生活规律、工作秩序受到任何干扰。

大部分回答C，表示是一个名副其实的孤家寡人，团队配合精神比较差。

测试二：团队协作能力测试（二）

当我是小组成员时：

1.我提供事实和表达自己的观点、意见、感受和信息以帮助小组讨论。（提供信息和观点者）

A.总是这样　　B.经常这样　　C.有时这样　　D.很少这样　　E.从不这样

2.我从其他小组成员那里征求事实、信息、观点、意见和感受以帮助小组讨论。（寻求信息和观点者）

A.总是这样　　B.经常这样　　C.有时这样　　D.很少这样　　E.从不这样

3.我提出小组后面的工作计划，并提醒大家注意需要完成的任务，以此把握小组的方向。我向不同的小组成员分配不同的责任。（方向和角色定义者）

A.总是这样　　B.经常这样　　C.有时这样　　D.很少这样　　E.从不这样

4.我集中小组成员所提出的相关观点或建议，并总结、复述小组所讨论的主要论点。（总结者）

A.总是这样　　B.经常这样　　C.有时这样　　D.很少这样　　E.从不这样

5.我带给小组活力，鼓励小组成员努力工作以完成我们的目标。（鼓舞者）

A.总是这样　　B.经常这样　　C.有时这样　　D.很少这样　　E.从不这样

6.我要求他人对小组的讨论内容进行总结，以确保他们理解小组决策，并了解小组正在讨论的材料。（了解情况检查者）

A.总是这样　　B.经常这样　　C.有时这样　　D.很少这样　　E.从不这样

7.我热情鼓励所有小组成员参与,愿意听取他们的观点,让他们知道我珍视他们对群体的贡献。(参与鼓励者)

A.总是这样　　B.经常这样　　C.有时这样　　D.很少这样　　E.从不这样

8.我利用良好的沟通技巧帮助小组成员交流,以保证每个小组成员明白他人的发言。(促进交流者)

A.总是这样　　B.经常这样　　C.有时这样　　D.很少这样　　E.从不这样

9.我会讲笑话,并会建议以有趣的方式工作,借以减轻小组中的紧张感,并增加大家一同工作的乐趣。(释放压力者)

A.总是这样　　B.经常这样　　C.有时这样　　D.很少这样　　E.从不这样

10.我观察小组的工作方式,利用我的观察去帮助大家讨论小组如何更好地工作。(进程观察者)

A.总是这样　　B.经常这样　　C.有时这样　　D.很少这样　　E.从不这样

11.我促成有分歧的小组成员进行公开讨论,以协调思想,增进小组凝聚力。当成员们似乎不能直接解决冲突时,我会进行调停。(人际问题解决者)

A.总是这样　　B.经常这样　　C.有时这样　　D.很少这样　　E.从不这样

12.我向其他成员表达支持、接受和喜爱,当其他成员在小组中表现出建设性行为时,我给予适当的赞扬。(支持者与表扬者)

A.总是这样　　B.经常这样　　C.有时这样　　D.很少这样　　E.从不这样

积分标准:

以上1～6题为一组,7～12题为一组,前一组与后一组得分用下列方式表达(0,0)。

总是这样(5分),经常这样(4分),有时这样(3分),很少这样(2分),从不这样(1分)。

测试结果:

(6,6)只为完成工作付出了最小的努力,总体上与其他小组成员十分疏远,在小组中不活跃,对其他人几乎没有任何影响。

(6,30)你十分强调与小组保持良好关系,为其他成员着想,帮助创造舒适、友好的工作气氛,但很少关注如何完成任务。

(30,6)你着重于完成工作,却忽略了维护关系。

(18,18)你努力协调团队的任务与维护要求,终于达到了平衡。你应继续努力,创造性地结合任务与维护行为,以促成最优生产力。

(30,30)祝贺你,你是一位优秀的团队合作者,并有能力领导一个小组。

当然,一个团队的顺利运行除了以上两种行为以外,还需要许多别的技巧,但这两种最基本,且较易掌握。如果你得分比较低,也不要气馁,只要参照上面做法,就会有所提高。

测试三:团队协作能力测试(三)

团体小测试:测测你的团队合作精神

企业中的团队合作是效率和品质的重要保证,每个人因为个人心理品质的不同,会对团体表现出不同的态度,这种态度可以判断这个人与团队的亲密程度,或者是作为是否具备团体合作精神的标准。下面的测试题只需按自己的真实意愿回答"是"、"不一定"或"否"即可。

测试题：

1.当你看见前面的人掉了东西时，你会叫着告诉那个人吗？

是□　　不一定□　　否□

2.同事们一起出去娱乐时，总会叫上你一同去吗？

是□　　不一定□　　否□

3.你是否知道如果自己不与同事合作会造成损失吗？

是□　　不一定□　　否□

4.你时常与人发生争吵或矛盾吗？

是□　　不一定□　　否□

5.你认为人们相互协作是一种崇高的思想道德吗？

是□　　不一定□　　否□

6.你一直是很乐意的给予他人帮助吗？

是□　　不一定□　　否□

7.一直以来，你与人相处融洽吗？

是□　　不一定□　　否□

8.你是否认为，上司说的话一般不会错吗？

是□　　不一定□　　否□

9.你认为，相互合作不一定给自己带来好处吗？

是□　　不一定□　　否□

10.别人的宿舍没关灯，你路过时会去关掉吗？

是□　　不一定□　　否□

11.你的同事或好朋友总会来征求你对事情的看法吗？

是□　　不一定□　　否□

12.你总能毫无疑问地去执行上司的正确命令吗？

是□　　不一定□　　否□

13.你总是认为自己永远不会错吗？

是□　　不一定□　　否□

14.一直以来，你都很相信自己的同事吗？

是□　　不一定□　　否□

15.同事经常来请你帮助吗？

是□　　不一定□　　否□

16.看到同事受到伤害你会感到难受吗？

是□　　不一定□　　否□

17.你认为，团体中难以实现真正的人人平等是吗？

是□　　不一定□　　否□

18.你总是怀疑别人是错的吗？

是□　　不一定□　　否□

19.为了团体的利益，你会放弃自己的利益吗？

是□　　不一定□　　否□

20.在工作中，你总觉得其他人没有你尽力吗？

是□　　不一定□　　否□

评分方法：

题号为4、9、13、17、18、20者选“是”得0分，选“不一定”得0.5分，选“否”得1分；其他题号选“是”得1分，选“不一定”得0.5分，选“否”得0分。

结果分析：

如果你的得分为16～20分，证明你具有很强的团队协作能力，愿意为团队作出自己的贡献，你也很受同伴们的欢迎。

如果你的得分为9～15.5分，说明你还是具有一定的团队合作力，但不够积极主动，容易使事情半途而废，应该纠正自己在团队合作方面的态度。

如果你的得分为0～8.5分，那你可要注意了，你可能总是我行我素，很少有朋友，不愿意付出自己的行为去解决问题，总认为自己是对的。

附：资料链接

链接一：看《士兵突击》感触团队精神

看《士兵突击》的第25集，里面有一段成才被淘汰时跟队长的一段对话，让人颇有感触。

成才在A大队的整个训练期间，表现一直是最优秀的，面对教官袁朗的苛刻甚至是百般刁难，他还是以扣分最少的成绩坚持到了最后，只是在最后一次演习过程中与所有人失去了联系后而选择了放弃。第二天A大队高级军官们对所有坚持到最后的成员分别进行了谈话，应该说这次的谈话对于成才来说是最残酷的，在他的心目中，他自己无疑是最优秀的，但是在这次的谈话中却被教官袁朗无情地给予了否定。否定的理由只有一个：因为成才太见外。

所谓见外，我个人的理解，就是在一个团队中无法把自己融入这个团队中，无法把自己的利益跟团队的利益放在一起。

现在越来越多的企业也越来越注重团队意识的营造，很多企业在招聘人才的时候甚至还把有没有团队精神作为对人素质的要求之一，但是到底什么是团队精神呢？在过去我只知道团队精神要去关注集体的利益，要团结友爱，但是在看了这集电视剧后，我有了更深的感触，团队精神其实就是那六个字：不抛弃，不放弃。不抛弃每一个成员，不放弃自己为这个团队做出努力的每一次机会和每一次行动。

或许我们该扪心自问，在每一次部门工作出现问题的时候，你是在想什么呢？想着怎样把责任推给其他的人？还是在想着此事跟我没有关系？当你每次受到上司的赞许时你是否想到过给过你支持和帮助的你的同事们？

在现代的管理或者说现在的大环境中，我们每一个人都无法把自己再当做一个个体，因为我们已经越来越发现，凭着你一个人的力量已经无法再去完成全部的事情，要完成一件事情，我们需要更多的资源和信息，而相当多的信息都是需要来自你的上道工作来给你提供，如果你接收不到正确的信息，那么你所做的再多的努力都是白费，同样别人出现的错误，很有可能就是因为我们提供的信息不足造成的。

现实中有太多的成才，在关键时刻总是第一时间想到的是自己。无论是当初斩钉截铁的离开钢七连，还是在最后关头义无反顾地抛弃六一、三多，自己一个人冲向终点，目的只有一个，那就是自己的发展。我们不能全部否定你的做法，谋求个人的发展没有错,但是在当今的社会我们还需要朋友,我们还应该融入集体,毕竟我们还生活在社会中。往往有很多“聪明人”故作聪明,但是往往会死得过早。值得庆幸的是成才还有三多这样的挚友——一个大家都认为是傻子,是笑柄的人,让他明白了人生的真谛——真正明白了什么是对生活的执著,什么是对自己的负责。

我们是否也应该好好地反省一下自己的行为,我们的人生轨迹是否也已经脱离轨道很久了呢?我们是否也曾经把自己生活过的集体只当作过路的地方?我们是否把自己的同事一直是当作自己的对手而加以提防呢?

在整部电视剧中我一直为许三多这个普通的士兵感动着,他不是最优秀的,但是他热爱着他的一切,挚爱着他的所有战友,看起来傻傻的他却用他的傻劲感动着每一个人,当然也感动着我们这些观众。现在的社会到处都充满了竞争,也让我们慢慢地丧失着我们本来的纯真和热情,很多的人都说活得很累,因为我们为自己树起了太多的竞争对手,跟身边的同事不敢有过多的交往,生怕一不留神人家成了自己的绊脚石,于是我们往往是把自己的同事朋友树立成自己的竞争对手,从而让自己少了更多的伙伴,这样能不活得越来越累吗?

真希望“团队精神”能够真正成为职场中人的基本素质,这样我们将得到的是更多的伙伴,更少的敌人,我们也必将真正享受工作的乐趣,也才能真正地“好好活”。

链接二:从三个皮匠和三个和尚的故事看团队精神

以前听过一个故事:三个皮匠结伴而行,途中遇雨,便走进一间破庙。恰巧小庙也有三个和尚,他们看见这三个皮匠,气不打一处来,质问道:“凭什么说‘三个臭皮匠胜过诸葛亮’?凭什么说‘三个和尚没水喝’?要修改词典,把谬传千古的偏见颠倒过来!”尽管皮匠们谦让有加,和尚们却非要“讨回公道”不可,官司一直打到上帝那里。

上帝一言不发,把它们分别锁进两间神奇的房子里——房子阔绰舒适,生活用品一应俱全;内有一口装满食物的大锅,每人只发一只长柄的勺子。

三天后,上帝把三个和尚放出来。只见他们饿得要命,皮包骨头,有气无力。上帝奇怪地问:“大锅里有饭有菜,你们为啥不吃东西?”和尚们哭丧着脸说:“我们每个人手里拿的勺子,柄太长送不到嘴里,大家都吃不着呵!”上帝嗟叹着,又把三个皮匠放出来。只见他们精神焕发,红光满面,乐呵呵地说:“感谢上帝,让我们尝到了世上最珍美的东西!”和尚们不解地问:“你们是怎样吃到食物的?”皮匠们异口同声地回答说:“我们是互相喂着吃的!”

上帝感慨万千地说:“可见狭隘自私,必然导致愚蠢无能;只有团结互助,才能产生聪明才智呵!”和尚们羞愧满面,窘得一句话也说不出来。

中国谚语有云:“一个和尚挑水吃,两个和尚抬水吃,三个和尚没水吃。”又云:“三个臭皮匠,顶个诸葛亮。”今天的话题就是从上面两句谚语演绎过来的,它说的是一种缺乏和拥有团队精神的后果。我理解的团队精神就是一个集体中的每个人为了共同的目标,发挥各自的能力,达到最好的结果。

我们可以分别把“三个和尚”和“三个皮匠”分别看成是两个团队。三个和尚没水吃,并不是因为这几个和尚个个都多么愚蠢,恰恰相反,一个和尚挑水吃,两个和尚抬水吃的时候,他们知道可以自己利用自己或者同伴,为自己带来利益,而当三个人的时候,很明显,利益分配不均匀,所以就没有人愿意去挑水,或者是两个人去抬水,导致没水吃，是他们分别各自为战，自以为是的结果，所以说，这个团队是失败的。

三个皮匠却恰恰相反的合理利用了各自的才能，没有各自为战，因为一个人的才智是有限的，而集体的力量是无限的，三个皮匠如果像三个和尚一样，不共同的想办法解决，肯定也是一个失败的团队。而三个皮匠恰恰相反的变各自为战为团结一致，以一个团队，一个集体的智慧去成功地解决问题，往往最后的结果"抵一个诸葛亮"，这要与三个和尚的意识有多大区别啊。在当今这个市场经济的时代，如何在工作和生活中正确的理解和对待这两句话，也是真正的利用团队精神去做好每一件工作的要点。

也许现在在整个公司看来，我们销售部可能是一个能够十分完全体现这种精神的部门。在和平苑三期的销售过程中，不论是从公司还是从我们每个人自己都顶着巨大的压力，那么在繁重的任务面前怎么才可以变压力为动力，完成公司下达的销售任务呢，靠一个或者几个销售精英就可以吗？答案肯定是否定的，我们就是要学习"抵一个诸葛亮"的臭皮匠精神，充分发现和发挥每个人的长处，凝结共同的核心力量，利用团队精神的真正含义。

我们现在强调团队精神，就是这一种臭皮匠精神，一个人生活在社会中，不管你是什么样的生存状态，事实上你已经生活在一个团队里了，所以合作是必然的，任何成功的背后都离不开一个团队的共同努力。

链接三：大学生团队精神与个人成才紧密相连

大学生团队精神与个人成才紧密相连，其观点如下：(一)作为一名高素质大学生更需要团队精神，团队精神建设对成员个性化要求、认同自己社会角色的要求符合素质教育健全学生人格，塑造学生良好个性的要求。(二)团队的集体智慧高于团队个人智慧之和。(三)一个好的团队应该鼓励正确引导队员的个人能力的最大限度发挥和"个人英雄主义欲望"的正常展现，提高其自信、发挥其潜能。(四)培养团队精神要有针对性，对不同年级、专业、性别、出生地的大学生要因人而异。

在21世纪的今天，团队精神越来越被看重，那么什么是团队？它并不是一些人的机械组合，它和群体不同。比如公共汽车上的乘客，就只能称作group，而非team，一个真正的团队应该有一个共同的目标，其成员的行为之间相互依存、相互影响，并能够很好地合作，以追求集体的成功。而团队精神又是什么？目前虽少有明确的界定，但作为隶属一个个团队的我们对其内涵是不乏切身体会的，在某些团体人们心情舒畅，在众人的齐心协力下整个团体成绩骄人、蒸蒸日上；而在另一些团体，人们钩心斗角、心情压抑、内忧外患，整个团队分崩离析，成绩一塌糊涂。没有团队精神，几个1加起来的和小于1的结果是人们早已司空见惯的事。

在一项关于《大学生团队精神调查问卷》中，共有26个问题。75.1%的同学认为团队精神在学习领域中较重要，71%的同学认为在生活领域中较重要，77.4%的同学认为在科学研究领域中较重要。令人深思的是：仍有12.6%的同学认为团队精神是一种不承认个人利益，抹杀个性的精神。并且，随着年级的增长，越来越多的人认为在社会主义市场经济条件下，强调团队精神会吃亏特别是三年级的大学生中有这样看法的人多达到23.4%。我们更要从中看出：(一)对毕业班同学更要有效地加强团队精神的教育，我们的德育教育实效性还有待加强；(二)大学生们对培养团队精神的认识不足；(三)大学生应具有的团队精神素质与社会对他们应具备的团队精神素质之间还存在着较大差异。

下面我只用一个小小的例子来告诉大家："蚂蚁过火"，是个真实而感人的故事。一位老农上山开荒，砍倒茂密的杂草和荆棘，砍到一丛荆棘时，发现荆棘条上有一个箩筐大的蚂蚁窝。荆条倒，蚁窝破，无数蚂蚁蜂拥窜出，老农立刻将砍下的杂草和荆棘围成一圈，点燃了火，风吹火旺，蚂蚁四散逃命，但无论逃到哪方，都被火墙挡住。蚂蚁占据的空间在火焰的吞噬下越缩越小，灭顶之灾即将到来。可是，奇迹发生了，火墙中突然冒出一个黑球，先是拳头大，不断有蚂蚁粘上去渐渐地变得篮球般大，地上的蚂蚁已全部抱成一团，向烈火滚去，外层的蚂蚁被烧得噼里啪啦，烧焦烧爆，但缩小后的蚁球毕竟越过火墙滚下山去，躲过了全体灰飞烟灭的灾难。老农捧起蚂蚁焦黑的尸体，久久不愿放下，他被深深地感动了，小小昆虫，为着整体的生存，竟有那么视死如归，勇于牺牲的英雄气概，竟有那么强烈坚定的团队精神，能不令人动容么？自然界的发展规律是物竞天择，强者生存，作为弱小的蚂蚁，靠着牢不可破的"团队精神"不也生存下来了吗？

那么，我们作为高素质教育的大学生不也该有团队精神吗？一心只为自己而缺少团队精神的人应该为蚂蚁的英勇行为感到汗颜！我们当然具有团队精神，但不是人人都具有这种精神，团队精神要求它的每一个团队成员，紧密地团结在团队的旗帜下，为着团队的生存、发展和荣誉，奋力拼搏，以至不惜牺牲自己宝贵的生命。蚂蚁的团队精神也许是天生的本能，但人的团队精神文明却是可以培养的。让人人都有团队意识，人人都全身心地维护团队，是我们思想政治工作的一项重要任务。团队小到一个班级，一个学校，大到一个国家，如果人人都能发扬光大团队精神，又何愁院校不兴，国家不强呢？

团队精神是指一种团结一致，互帮互助，为了一个共同的目标坚毅奋斗到底的精神。一个民族要发展要强盛，必须要有一种民族精神作为支撑。同样，作为一个班级、一个学校要发展，要提高，也必须要有一种团队精神作为支撑。

通用职业能力之六——创新能力

职业教育是社会发展与科技进步的产物，也是社会职业岗位分化的结果，高职院校学生以实践能力和职能技能见长，得到了社会的公认。但近年来，随着高职院校的迅速发展，毕业生绝对数量的增长和金融危机的影响，导致了较大的就业压力，传统高职培养模式下的毕业生，已不能满足社会的需求。培养高职学生的创新能力，提高学生的择业能力是经济社会发展对高职教育提出的要求，也是高职院校发展的内在需要，更是培养高职院校学生通用职业能力的需要。教育部周济部长在第三届中外大学校长论坛上的演讲中讲到："加强对学生创新精神与实践能力的培养，要根据培养创新型人才的要求，分不同层次，不同门类对大学人才培养规格与质量标准组织深入研究，进行重新设计，把学生创新精神与实践能力的培养摆到专业培养计划的核心位置""应鼓励学生运用知识解决实际问题的能力，应该有效的引导学生追求全面发展"。如今，用人单位着重的不再是文凭或单纯的学习，而是文凭与成绩背后所承载的对未来工作的胜任能力。人们已清醒地认识到，只有某一专业知识是远远不够的，大学期间只为某一种刻板的职能，固定的专业知识，只会为某一个特殊行业的职位做好知识的学习和储备已过时，而且在校学习时间也是有限的，唯有提高自身的创新能力，才是我们职业生涯的立身之本。

要点指津

要点一：创新及创新能力概述

要培养创新能力，首先必须了解创新及创新能力的内涵。

(一)创新的内涵

1.创新的定义

"创新"一词，原初指一个经济学概念，被公认为"现代创新之父"的美籍奥地利经济学家约瑟夫·阿罗斯·熊彼得在其1912年《经济发展理论》一书中首次使用了"创新"(innovation)一词，将其定义为"生产要素和生产条件的一种从未有过的新的组合"。我国的《现代汉语词典》解释为"抛开旧的创造新的"。《辞海》上解释为"首创前所未有的事物"。我国学者从不同的角度给创新的定义也很多。如余伟编著的《创新能力培养与应用》下的定义为："创新是人类在社会实践中扬弃旧事物、旧思想、旧方法，把新设想、新技术、新成果成功付诸实施并获得更高效益的运作过程。"李才俊著的《大学生创新能力培养新探》把创新定义为："创新是指主体(人)为了一定的目的，遵循事物发展的规律，对事物的整体或其中的某些部分进行变革，从而使其得以更新与发展的活动。"

综上所述，创新的概念包含的范围很广，如科学发现，技术发明，组织改造，政策调整，观念更新，制度更新以及使其商品化、产业化的创造性实践等等，凡属打破传统，开拓新的思想、行为及其成果都是创新，构成创新的基本要素就是：人、创造成果、实施过程和更高效益。

2.创新的性质

创新的基本性质就在于它具有社会性、能动性、普遍性、特殊性和继承性。它的社会性表现为推动了社会的发展和进步；它的能动性表现为对客观世界有了强大的推动力；它的普遍性表现为在一切创造活动领域都发挥作用；它的特殊性表现为积极进取的态度和标新立异的精神；它的继承性表现为是人类在认识客观世界的实践中，不断继承，批判发展，进一步扬弃的过程。

(二)创新能力的内涵

1.创新能力的含义

创新能力就是指：人们在前人发现或发明创造的基础上，通过自身(或群体)的努力，创造性地提出新的发现，发明创造和新的改进方案的能力。也就是说，就是人们在学习工作的实践中利用已有的知识和经验，产生有价值的新设想、新方法和新成果的本领，是独特而新颖地解决问题的能力。也可以描述为创新能力就是一个人所具有的提出问题、分析问题和解决问题的能力的总和。

上述定义包含了四个概念，发现、发明、创造和创新，他们之间的关系，是一个相互包含，外延不断扩大的关系。

2.创新能力的特征

创新能力的构成内容是非常丰富的，具有多序列、多层次、多类型的特性。有思维创新能力与形象创新能力；有抽象创新能力与具体创新能力；有技术创新能力与理论创新能力等。创新能力具有独有的特征。

创新能力具有综合性。表现为：创新能力的核心是创新思维，而创新思维本身就是一种综合性的能力，这个能力系统中具有众多的子系统，如：探索问题的敏锐力、统筹思维活动的能力、形象思维的能力、联想的能力、横向灵活思维的能力、预测的能力、实现目标的能力等。

创新能力具有高度的结合性。创新能力与其相关理论、知识及其他能力高度结合，在人才综合素质评价的八种核心能力测评的标准中属于核心地位与其他能力都具有紧密的结合性。符合国际惯例的八种核心能力分别是：(1)交流表达能力；(2)数字运算能力；(3)自我提高能力；(4)与人合作能力；(5)解决问题能力；(6)信息技术能力；(7)创新能力；(8)外语应用能力。

同时，创新能力在生产力中具有内核的功能，人在生产过程中属于主体地位，为了提高生产力，就必须提高从业者的素质，尤其是创新的能力和素质，被物化在我们劳动成果中。

创新能力具有实践性。创新必须通过创新实践过程和创新实践活动体现出来，创新实践的活动和过程是由提出问题、分析问题和解决问题这三类动态的过程构成，其结果主要是看问题是否得到正确合理的解决，最终只能根据创新的方法和创新的成果等形式表现出来，获得确认和评价。

要点二：影响高职院校学生创新能力培养的制约因素

我国著名教育家陶行知先生曾说过：“人类社会处处是创新之地，天天是创新之时，人人是创新之人。"这充分说明每个人都有创新的潜能，但在现实中，并不是人人都能最好地发挥自己的创新能力，这既与客观环境因素有关，又与人的主观因素有关，创新除了与创新者自身的天赋素质有关外，创新能力还离不开良好的教育环境和自身的努力，高职院校学生的创新能力培养的制约因素，主要体现在以下几个方面：

1.传统的教育观、学生观制约了学生创新素质的培养

培养学生创新能力离不开良好的教育环境，这是培养学生创新能力的基础和前提，教育是一把双刃剑，具有开发创新精神和窒息创新精神的双重的力量，学校教育从中小学的应试教育模式到大学的"一刀切"式的教育教学管理模式，影响了学生想象力、创造力以及学习主动性和创造性的发展。教育教学改革对评价学生提出了许多新的要求，但思想观念上还是根深蒂固地停留在"听话""顺从""高分"这样一些标准上，即使制度了创新学分的制度，往往也流于形式，没有可操作性，高职院校本是以实践性和技能性见长的院校，但在教学管理的模式和教学模式上还缺乏良好的创新氛围。怎样坚持教育的多样性，培养学生敢于尝试，敢于标新立异，不怕失败的学习品质，保护学生的创新知识和创新行为，调动学生求知的主动性和创造性，激发和培养学生的学习兴趣，使其专长得到充分的发展，还需加大对教育观念和制度的创新。通过教育的手段来培养学生的创新能力，应是当今教育的真谛。

2.对创新缺乏自信，对学习失去追求也制约了学生创新能力的培养

高职院校的部分学生普遍存在自卑心理。高中时的学习目标是升一所好的大学，但一旦高考失利进入高职院校后，就对自己的学习目标感到迷茫，以升学为主要目的学习动力不复存在，以升学为基础的人生发展无从谈起，呈现一种虚无感，用无能为力，放任自流的态度对待学习和生活，进而对学习和生活都失去目标追求，将来能做什么不清楚，有的心理专家把高职院校学生的这种心理状态归纳为"无奈、无望、无助"。一年级对现状感到无奈（没有考上好的大学）；二年级想要改变自己，但认为自己学业基础差而无能为力，感到无望。三年级就业时，又遇上就业难，认为那么多本科生、硕士生就业难何况高职生，感到无助。上述现状严重地制约了高职院校学生创新能力的培养。

要点三：高职院校学生创新能力的培养与开发

教育最神圣的使命就是使受教育者成为一个有知识、有文化、有道德、有创新精神的人，开发和培养具有创新能力的人是 21 世纪和未来社会的永恒课题，1972 年联合国教科文组织国际教育发展委员会的"学生生存"的报告就曾指出："人们愈益要求教育把所有人类意识的一切创新潜能都能解放出来"即通过教育开发人的创新能力。创新能力的开发是现代教育的重要组成部分，也是高职教育的目标之一，人人都有创新能力，创新能力通过教育和训练是可以开发和提高的。创新能力的培养与开发，包括了创新能力的发现、创新能力的培养、创新能力的整合等诸多内容，针对高职院校学生的现状，创新能力的培养与开发应从以下几个方面去拓展。

（一）克服定势思维，培养探索精神

创新能力的培养，首先要努力突破自己的思维定势和思维障碍。思维是一切智力活动的核心，它在大学生的创新活动中起着主导作用，思维是一种复杂的心理现象，是人脑对客观事物的概括的"间接的反映"。"思"就是"思考"，"维"就是方向或次序。因

此，思维可以理解为沿着一定的方向，按照一定的次序而进行的思考，思维既有积极的一面，也有消极的一面。当我们发挥思维的能动性和创新时，它就能转化为推动创新活动的动力，当我们为思维的惰性所困时，就容易形成思维定势，有了定势思维的人，常常按习惯的思维模式考虑问题，不能根据思维对象的实际情况灵活改变思维模式和思维方法，容易陷入思路闭塞，思想僵化的困境。大学生经过小学、中学到大学长期的系统学习，其理性思维和逻辑思维有了一定的发展，思维敏捷但不会运用新思维去思考问题和解决问题，思考问题和解决问题往往还停留在直线型的思维阶段。如我们有的同学努力地学习知识、积累知识，但在运用知识时都难以突破原有知识框架的习惯性局限，他们对知识的既定含义和思维的习惯方式，不能逾越半步，阻碍了探索精神的培养。又如，同学们处于创新年龄段，想象力丰富，但不会对创新的能力进行牵引；具有灵感，但不会对创新的手段进行把握，在学习和生活中，往往囿于对权威的崇拜、从众的心理和书本知识的束缚，这严重地影响了创新能力的开发。美国心理学家贝尔纳认为："构成我们学习的最大障碍的是已知的东西，而不是未知的东西。"克服定势思维就要加强探索精神的培养，不断吸收新思维的精髓，扩大知识面，不断培养新思维，保持进取心态，不断研究新思维方式，突破习惯的束缚，不要将自己的思维停留在 A＝B、B＝C 则 A＝C 的这样的直线思维方式。

（二）提高学习能力，培养顽强精神

提高知识的学习能力，是培养和开发大学生创新能力的前提条件，知识是同学们走上社会的阶梯。同学们经过多年的教育熏陶，在学习方法、学习能力上有了较大的发展，但由于前述定势思维的影响，同学们在学习时往往还沿用中学阶段的"死记硬背""临阵磨枪"的学习方法，加之考入高职院校后部分同学，由于畏难情绪和自卑心理作怪（高考受挫，一些同学没有想到要到高职院校，一些由于基础差而自暴自弃）在学习上容易产生自我否定的心理态势和学习的惰性。

畏难情绪是一种伤害大学生创新意识的毒剂，会使我们安于现状，不思进取，远离创新。自卑心理会使我们认为创新高不可攀而创新意识薄弱，创新灵感麻痹而对创新无所用心。懒惰习性，将使我们在思想上的懒惰导致行动上的懈怠，失去进取精神和开拓意志，难以在创新上有所作为。

为了振奋我们的创新意志，就必须要消灭学习上的畏难情绪，面对学习创新中的艰辛无所畏惧，知难而进。我们必须克服自卑心理，"英雄不问出处，人才不唯学历""尺有所短，寸有所长"，每一个人都有自己的优势和强项，我们高职院校的学生不必让自卑心理削弱自己的学习能力和创新能力，要始终坚信"天生我材必有用"，我们必须要改变学习惰性，"天道酬勤"这是一条事物发展的规律，要勤于思考，勤于探索，勤于实践和创新。

提高学习能力，特别要注意培养和提高自己的自学能力，自学能力是指一个人独立学习和独立获取知识的能力。自学能力在创新能力体系中占有重要地位，每个人在学校学习，教师授课的课堂学习毕竟有限，大量要靠自学来扩大知识面，自学能力是一个人终生受益的法宝，对于我们走上社会后更为重要，达尔文曾说："我们学的任何知识都是从自学中得到的。"我国著名科学家钱三强也指出："自学是一生中最好的学习方法"。美国的发明家汤姆斯·爱迪生一生中有 1328 项发明，被誉为"发明大王"。然而他家庭贫苦，只在七岁的时候读了三个月书，他的学问都是通过自学获得的。俄国文学家高尔基也只上过几个月小学，经过艰苦自学，成为了伟大的文学家。以上所述都深刻地揭示了自学的重要性。怎样培养自学能力呢？其一，要树立崇高的理想；其二，要坚持磨炼意志；其三，要制订学习计划；其四，要养成自学的良好习惯；其五，要在实践中不断摸索，总结合乎自己的学习规律和方法。总之，培养自学能力，重要的就是要培养顽强毅力和恒心，没有百折不挠的毅力，没有不怕困难，不畏风险的勇气和顽强的精神，是不可能取得创新的成果的。正如马克思所说："在科学上没有平坦的大道，只有不畏劳苦沿着陡峭山路攀登的人，才有希望达到光辉的终点。"

(三)提高实践能力，培养进取精神

实践是指人类改造世界的活动，人的实践是人所独有的特性，与其他动物的行为具有本质的区别，只有通过实践才能获得新的知识，实践是创新能力形成的唯一途径，一切新的认识，新的知识，都来自于实践，而这种获取新认识、新知识的能力——创新能力，则必须通过实践才能形成。

高职院校担任着培养高技能型人才的重任，许多高职院校把培养实践型、应用型人才作为学校的重要目标。专业知识扎实、实践动手能力强，这是近年来高职院校一些专业就业走俏的原因，所以提高学生实践能力培养学生进取精神，是提高高职院校学生创新能力的重要途径。任何人都是在实践过程中获得新的直接认识，也只有个人亲身经历，才能有真情实感和真知灼见，才能获得新的直接认识，就是我们通过学习而获得的间接知识，也是他人通过亲身实践而获得的，轻视实践能力的培养，一味热衷于书本知识，就会流于纸上空谈。宋代著名诗人陆游说得好，"纸上得来终觉浅，绝知此事要躬行。"只有把书本知识与亲身实践结合起来，才能将书本知识转化为自己的知识，高职院校普遍采用"理论＋实验＋实训＋设计"的四位一体的培养模式，力图使学生从实验中产生学习兴趣，再带着问题学习理论和技能，最后在毕业设计时提升为综合设计的能力，完成一个螺旋式上升的过程，来达到学习"质"的飞跃，使学生能在未来人生的广阔空间里自由地翱翔。所以作为高职院校的学生，应遵循这种培养模式从以下几个方面去提高自己的实践能力，培养进取精神：

1.重视公共理论课、专业基础课、技术基础课的学习，夯实理论基础。

2.重视专业课和技术课的实验，从中去复习和巩固专业知识，认真掌握实验的方法，技能和仪器的使用，同时要理解实验的目的，提高实验的观察、分析和解决问题的能力。

3.重视实训活动。实训是理论学习与生产实际相联系的教学环节，是实战演练，目的是使我们获得所学专业的生产技术知识和管理能力以及运用知识去解决生产实际问题的能力，以促进知识的系统化，不断增强独立工作的能力。

4.认真搞好毕业论文(设计)。这是培养学生综合运用知识、技能解决实际问题能力的重要环节，也是对几年学习实践的重要检验，在这个环节中，可以进一步培养我们的理论与实践相联系的能力，要在选题、收集整理资料、论证方案上下工夫，以培养自己的设计或论文撰写的能力，这个过程，也是培养自己良好学术行为的过程。

5.积极参加科研活动。参加科研活动可以促进学生创新能力的全面提高，促进学生知识的转化和拓展，通过科研活动的开展，使我们能在掌握一定理论知识的基础上，将不同学科分支的知识有机地组合起来，融会贯通，为知识能力的转换夯实基础。同时还会锻炼和提高批判思考能力和质疑反思能力，培养勇攀科学高峰的进取精神。近年来，全国大学生“挑战杯”“课外学术科技作品竞赛”“全国大学生电子设计竞赛”“广告设计大赛”“全国大学生建模竞赛”“全国大学生创新计划竞赛”等科技活动，为我们科研能力的拓展提供了广阔的舞台，我们应积极参与。

(四)提高管理能力，培养团队精神

管理活动作为人类最重要的一项活动广泛地存在于现实的社会生活中，大至国家、军队，小至公司、学校等，凡是一个由两人以上组成的有一定活动目的的集体都离不开管理，管理是一切组织的活动中必不可少的组成部分，作为当代大学生，在校期间一定要认真了解和学习管理类的有关知识理论，培养自己的组织管理能力和团队精神。说到管理和重要性，我们先讲讲几个故事：一是国际商用机器公司的创始人托马斯·沃森讲的“小男孩的长裤”故事。有一个男孩买回一条长裤，穿上一试，太长了。他请奶奶把裤子改一下，奶奶说家务事太多没时间；小男孩去找他妈妈，妈妈说和人约了打牌，也没时间。小男孩又去找姐姐，姐姐说去约会，也没时间。小男孩怀着十分失望的心情就去睡了，晚上奶奶干完了家务事，想到孙子说改裤子的事，就把它剪短了一点，然后睡了；妈妈打牌回来后也把小男孩的裤子剪短一点，最后姐姐约会回来又把小男孩的裤子剪短了一点。第二天，全家就发现，这种没有管理的行动带来的后果，即没有管理，小男孩的长裤变成了短裤。所以托马斯告诫人们，从事任何活动都不要小看管理。第二个故事是，我们所熟悉的《西游记》中唐僧去西天取经在用人之道上就涉及管理。唐僧应该说称得上是一个管理大师，他在搭建取经班子时，先找了孙悟空，他能力强，思唯敏捷，敢闯敢干，但毛手毛脚，不太稳重；唐僧又找了感情丰富，善解人意的风趣而又没脾气的猪八戒，但他身懒嘴馋，拍马屁，说三道四，牵马挑担也不高兴，说得唐僧不耐烦；他又找了沙僧，沙僧忠厚老实，吃苦耐劳，所以这个班子就建成了，使得唐僧跋山涉水，踏平坎坷，达到西天受到如来的表扬。所以唐僧就懂得运用管理之道，他让孙悟空冲锋陷阵，八戒陪伴左右，沙僧负责挑担，他自己坐在马上指挥取得了成功。第三个故事就是一位先哲曾问他的弟子们，一滴水怎样才不干涸，弟子们面面相觑，谁也答不出来，先哲说，把它放到大海里去，说的就是团队的精神的力量。

作为大学生，在今后的职业生涯中将不同程度地承担管理工作，都无法回避管理问题，现在我们讲高级管理人才的标准是不光拥有管理成功的丰富经验，而又能把经验提升为知识，并会将知识转化为财富的人，才是具有管理创新能力的人才。回顾一些发达国家在介绍其成功经验时，都要涉及他们怎样培养人才，特别是管理人才的培养，如美国、前苏联、前西德、日本等都是这些发达国家成功的一条共同经验。进入21世纪，现代科技的发展，使社会分工越来越细，知识总量又激增，使每个人都难以成为所谓门门精通的“通才”，解决这些问题是能通过众多专门人才的分工、合作，相互配合才能达到目的，这就需要高度的团队精神。所以管理创新能力的培养，可以增强我们的社会责任感，增强协作能力和团队精神。我们在校期间，就要积极参加社会活动和实践活动，从管理组织和管理方法中去培养自己的创新能力，学会组织，学会配合，为自己将来的职业生涯打下基础。

(五)增强创业意识，培养首创精神

在当前，大学生就业难成了上至国家领导，下至千家万户关注的热点问题，就业率成了各高校办学质量的第一指标，毕业生就业工作成为各高校工作的生命线，特别是在世界范围的经济危机下，毕业生供大于求已成为社会不争的事实。在我国高等教育经历了由精英教育向大众化教育的转型，在精英阶段，大学生的身份或毕业文凭的稀缺使高等教育处于"卖方市场"，而在大众化阶段高等教育由"卖方市场"转入"买方市场"，大学毕业生由国家分配转变为社会选择，用人单位看重的不再是文凭或是单纯的学习成绩，而是文凭与成绩背后所承载的对未来工作的胜任力，用人单位对高校生考核的内容也从"是学什么的"转入"能做什么"。随着高等教育的大众化发展，大学生到基层，从底层做起，越来越普遍。中国人民大学校长纪宝成在回答记者关于大学生就业难的问题时说："大学生为什么就不能杀猪，今天卖猪肉，明天一个好的食品公司就诞生了，我不是让大学生都去当杀猪的，但是我觉得大学生到基层创业、开拓、锻炼成长，说不定成为各级领导人完全可能"。他的一番话就是说大学生一方面要放下"精英观"，转变就业观，勇于面对现实，脚踏实地，另一方面要让自己受过大学教育的优势体现出来。

面对就业压力，各高校纷纷加强了对大学生的创业教育，大学教育的创业能力在学术性、职业教育之后被称之高等教育的"第三本护照"。创业教育就是培养具有开拓性的个人，创业不但体现了素质教育的内涵，而且突出了教育创新和对学生实际能力的培养的重要意义。创业教育不是单纯地进行创业知识的传授和就业技能的训练，而是一个素质教育的过程，是提高择业能力的过程，主要是指以培训学生的创新能力为目标，以创业实践活动为载体，全面培养分析问题与解决问题，团队沟通和协作等影响就业的基本能力，以满足经济社会对人才的需求。

在创业教育中，特别提倡走自主创业之路，这是大学生在就业和求职中的创新教育的表现。大学生通过自己的艰苦努力，开创就业的新领地，自主创业是我们大学生实现人生价值和自身发展的要求，而且能为社会创造价值和财富，可以创造就业机会，缓解就业压力，能促进经济增长方式的转化和科技成果的直接转化，同时也能促进高等教育的改革和发展。自主创业是一个复杂的过程和艰苦的实践。要求创业者具有较强的事业心和成就意识，具有强烈的创业意识和顽强的创业精神，具有特殊的创业智慧和创业能力。在校期间，就要有意识培养自己良好的创业素质和基本能力，创业的能力素质主要是：计划决策能力、经营管理能力、交往沟通能力、组织领导能力、开拓创新能力和相关的专业技术能力等，自主创业还需培养首创精神，首创是创新的重要本质的特征，首创就是要有敢为天下先的理念，有了这样的精神，就有了创新之灵魂，就有了自主创业的精神基础。当前各高校都在为大学生的自主创业搭建平台，为大学生就业开辟绿色通道，积极探索毕业生自主创业的长效机制。

案例分析

案例一：克服定势思维，培养探索精神

诺曼底登陆

在"二战"中，盟军进入欧洲战场，是改变战争格局的关键，当时同盟军在三个可供选择的登陆地点中选中诺曼底后，却碰到了一个大难题：那里没有大型码头。按照常规，在那里修建一个大型码头需要3年左右的时间。

如果依照直线型思维的方式，要么等3年左右，那样战机早就错过了；要么更换登陆地点，那就得不到出人意料的效果，就会因敌人早有防备，勉强登陆而造成重大损失。同盟军方面的元帅、将军们为此苦苦思索，大伤脑筋。

正在一筹莫展时,美国巴顿将军提出一个被视为异想天开的设想:既然到敌人占领的对岸去建码头有困难,为什么不在这边把码头建好,再偷偷地搬过去呢?他的办法是:造一些混凝土“箱子”,用潜艇运到登陆地点,先完成水下部分,登陆时再突击完成水上部分。结果,采用这个办法,盟军在短时间内就建造了10余英里长的大型码头,可供几十万人的机械化部队登陆使用。

而对岸的德军则按照直线型思维方式,认为盟军不会选择在诺曼底登陆,即使选择在此登陆,短时间也修建不了码头,故没有加强防御。最终,被打得晕头转向,措手不及。

诺曼底登陆的成功,被作为辉煌的战例而载入了世界军事史册。

这个故事可以让我们领悟到一个道理:只有克服定势思维,才会有质的飞跃和创造性的发现。克服定势思维,我们才可以取得成功,才会有创新的能力,工作、学习和生活中我们才能够得到巨大的利益,才能够不断地走向成功。

案例二:提高学习能力,培养顽强精神

2004年很多媒体报道了一个自学成才的榜样人物——“清华园的英语神厨”张立勇。

张立勇是江西省崇义县一个乡村青年,高中一年级因家贫辍学,离家打工,曾在清华大学食堂做了八年小工,边卖馒头边与清华学子交流英语,最终,先通过全国英语四、六级考试,后考出了全国英语托福考试最高分(当年630分)。在水木清华的BBS上,被同学们称为“英语神厨”。后来,又考取了北大成人教育经济与国际贸易本科,他还在清华所在的15食堂开设了英语卖饭窗口,还被请上清华大学讲台,向同学们介绍自学经验,出版了介绍自学经验的励志图书《英语神厨》,该书多次再版。后来,他又攻读了传播学的研究生,2004年获得团中央、教育部联合颁发的“中国青年学习成才奖”。获奖词是:“从因贫困辍学到进城务工,从食堂切菜工到考出托福最高分的高材生,失学不失志的张立勇,因超乎寻常的坚韧和勤奋,谱写令人惊奇的人生篇章,为进城务工青年和广大青少年树立了学习榜样。”2007年,张立勇还被北京奥组委聘为奥运会语言培训高级讲师。最近,他又加入了心之光社会企业,出任行政总裁,亲自担任心之光培训学校的校长,全身心地投入农民工培训再就业的公益事业,并亲自给农民工上课,并在全国各地巡回演讲。

从故事中我们不难看出:学习也是一种生存能力的表现,通过不断的学习,专业能力需要不断提升技能,这就需要学习能力相配合。所以,不论处于职业生涯的哪个阶段,都不应该停止学习。因为在职业生涯发展中,需要胜任工作的能力和能够迅速取得新能力的方法。为了求生存和求发展,每个人都必须不断学习那些自然和本能没有赋予他的生存技术,而为取得新的生存技术就必须不断学习。如果停止学习,必定会落后于人,而在当今社会里,落后就会被淘汰。

案例三:提高实践能力,培养进取精神

著名的科学家爱因斯坦上小学时,曾呈交了一份自己较满意的小制作——自制小板凳。而当老师指出“没有比这糟糕的小板凳”时,他拿出了自己做得更糟的小板凳。

原来，他交上去的小板凳竟是他第三次制作的。爱因斯坦小时候的天赋不如别人，长大后却成了举世闻名的科学家，这是为什么呢？这与他制作小板凳时所表现出的那种不甘愿失败的进取精神肯定是分不开的。

爱因斯坦的第三只小板凳尽管令老师很不满意，但比起他的第一只、第二只总归是要"强"一些。由此可见，爱因斯坦也是在一次又一次的失败中不断总结出经验教训才获得一点一滴的进步的。这些进步正是他坚定一个目标并为之锲而不舍地努力的结果。

当然，在人生的道路上不可能一帆风顺，我们每一个人都必须具备积极进取的精神才能战胜前进道路上的种种困难，最终实现自己的梦想。我们在学习上也要具有积极进取的品质才能学有所获。不要因为某种打击就放弃这种精神，也不要像弹力球一般，弹上去又落下来，只有不断地向自己提出新的更远大的目标并为之全力以赴的人才会是最成功、最幸福的人。

让我们共同学习爱因斯坦的这种进取精神，跟随着永不停息的生活，永不停息地朝着自己既定的目标前进，美好的明天就必定会属于我们每一个人。

案例四：提高管理能力，培养团队精神

80 美金周游世界

有一位叫做罗伯特·克里斯托弗的美国人，他想用 80 美金周游世界，并坚信自己能够实现。于是，罗伯特找出一张纸，写下他 80 美金周游世界的准备工作：

1.设法领取到一份可以上船当海员的文件；

2.去警察局申请无犯罪记录的证明；

3.取得美国青年协会的会员资格；

4.考取一个国际驾照，找来一份国际地图；

5.与一家大公司签订合同，为之提供所经过国家和地区的土壤样品；

6.同一家航空公司签订协议，可免费搭机，但要拍摄照片为公司做宣传……

当罗伯特完成上述的准备后，年仅 26 岁的他就在口袋里装好 80 美元，开始自己的全球旅行。以下是他旅行的一些经历：

1.在加拿大巴芬岛的一个小镇用早餐，不付分文，条件是为厨师拍照；

2.在爱尔兰，用 4.8 美元买了 4 箱香烟，从巴黎到维也纳，费用是送给船长 1 箱香烟；

3.从维也纳到瑞士，列车穿山越岭，只需要 4 包香烟；

4.给伊拉克运输公司的经理和职员摄影，结果免费达到伊朗的德黑兰；

5.在泰国，由于提供给酒店老板某一地区的资料，受到酒店贵宾式的待遇；

……

最终，通过罗伯特的努力，他实现了 80 美金周游世界的梦想。很重要的一点，在他的计划和经历中，他巧妙地利用和他人的合作，为自己实现目标提供了帮助。

案例五：增强创业意识，培养首创精神

谁能带回更多的钱

日本一家公司为了对 3 位应聘市场策划职位的年轻人实施智力测验，将 3 人送到广岛，付给每人最低生活费2000日元，考题是：在那儿待上一天，看看谁带回的钱多。

A.很聪明，花500日元买了一副墨镜，除充饥的费用外，余下的钱买了一把旧吉他。他来到繁华广场搞起了“盲人卖艺”，于是，琴盒里的钱慢慢多了起来。

B.更聪明，他花500日元做了一个箱子，并写了一张广告：“将原子弹赶出地球——纪念广岛灾难40年暨加快广岛建设大募捐”。余下的钱则雇请两位中学生演讲，以招徕围观者，结果，他得到了很多募捐款。

C.不知怎么想的，根本没打算去挣钱，他找了个小餐馆，小菜薄酒，美美吃了一餐并花去了1500日元，然后钻进一架废弃汽车里，甜甜地睡了一觉。

傍晚时分，正当卖艺“盲人”、“募捐”小伙生意红火，心里得意时，眼前突然出现一位佩胸卡、戴袖章、跨手枪的大胡子管理人员。这管理人员扯下“盲人”的墨镜，砸掉“募捐”的箱子，没收了他们的非法所得，还叫喊着要起诉他们的欺诈罪。

当狼狈不堪的A和B两手空空赶回公司时，已经迟到了，他们更没想到的是，等待他们的居然是那个“管理人员”。原来，C将余下的500日元，买了胸卡、袖章、玩具手枪和化妆用的胡子，假扮管理人员将A和B的钱给没收了，公司老板最后的评价是：A和B只会费力地开辟市场，C善于吃掉对手的市场。因此，C被录用了。

这则故事说明：当今时代，竞争靠的是智慧，而不仅仅是汗水，通过智慧可以创造机会，并使人成功。那么，智慧是什么呢？智慧其实就是一种分析判断、发明创造的创新能力，是敏锐机智、灵活精明的主观反映，是一个人充满活力的宝贵财富。在这个智慧不断升值的知识经济时代，一个人没有金钱并不可怕，没有地位也不可悲，而不善思考，缺乏智慧才是人生的缺憾。那么，怎样才能拥有智慧，并使自己聪明伶俐、高人一等呢？显然，就是必须在实际生活中，注重首创精神的培养，有了这样的精神，就有了创新之灵魂。

自我测评

测试一：创新能力水平自我测试参考题

（一）测试题

1.我不人云亦云。

无(1)　偶尔(2)　时有(3)　经常(4)　总是(5)

2.我对很多事情喜欢问为什么。

无(1)　偶尔(2)　时有(3)　经常(4)　总是(5)

3.我的思维常常无拘无束，没有框框。

无(1)　偶尔(2)　时有(3)　经常(4)　总是(5)

4.我能摆脱习惯思维的束缚。

无(1)　偶尔(2)　时有(3)　经常(4)　总是(5)

5.我常从别人的谈话或书本中发现问题。

无(1)　偶尔(2)　时有(3)　经常(4)　总是(5)

6.我勇于提出新想法，新建议。

无(1)　偶尔(2)　时有(3)　经常(4)　总是(5)

7.我观察事物敏感。

无(1)　偶尔(2)　时有(3)　经常(4)　总是(5)

8.我的创新欲望强。

无(1)　　偶尔(2)　　时有(3)　　经常(4)　　总是(5)

9.我头脑中记住的东西用时能及时提出来。

无(1)　　偶尔(2)　　时有(3)　　经常(4)　　总是(5)

10.我的求知欲望强。

无(1)　　偶尔(2)　　时有(3)　　经常(4)　　总是(5)

11.我不迷信权威。

无(1)　　偶尔(2)　　时有(3)　　经常(4)　　总是(5)

12.我头脑灵活。

无(1)　　偶尔(2)　　时有(3)　　经常(4)　　总是(5)

13.我的想象力丰富。

无(1)　　偶尔(2)　　时有(3)　　经常(4)　　总是(5)

14.我相信自己的创造潜力能充分发挥出来。

无(1)　　偶尔(2)　　时有(3)　　经常(4)　　总是(5)

15.我不迷信书本。

无(1)　　偶尔(2)　　时有(3)　　经常(4)　　总是(5)

16.我从创新性工作中获得乐趣。

无(1)　　偶尔(2)　　时有(3)　　经常(4)　　总是(5)

17.我看重事业的成功。

无(1)　　偶尔(2)　　时有(3)　　经常(4)　　总是(5)

18.我的联想能力强。

无(1)　　偶尔(2)　　时有(3)　　经常(4)　　总是(5)

19.我有远大的工作目标。

无(1)　　偶尔(2)　　时有(3)　　经常(4)　　总是(5)

20.我喜欢幻想。

无(1)　　偶尔(2)　　时有(3)　　经常(4)　　总是(5)

(二)测评标准

计分方法:将 20 道题所选答案后面的分数相加即为总得分(即:无计 1 分,偶尔计 2 分,时有计 3 分,经常计 4 分,总是计 5 分)

总分在 80 分以上,则创新能力水平程度高。

总分在 70～79 分,则创新能力水平程度中等偏高。

总分在 60～69 分,则创新能力水平程度中等偏低。

总分在 60 分以下,则创新能力水平程度低。

测试二:竞争意识自我测试参考题

(一)测试题

1.我对工作总喜欢积极进取。

无(1)　　偶尔(2)　　时有(3)　　经常(4)　　总是(5)

2.与别人比着干我劲头更足。

无(1)　　偶尔(2)　　时有(3)　　经常(4)　　总是(5)

3.我尊敬发愤图强的人。

无(1)　　偶尔(2)　　时有(3)　　经常(4)　　总是(5)

4,我的工作是紧张的。

无(1)　　偶尔(2)　　时有(3)　　经常(4)　　总是(5)

5.竞争是乐趣和刺激。

无(1)　　偶尔(2)　　时有(3)　　经常(4)　　总是(5)

6.对于工作我不怕担风险。

无(1)　　偶尔(2)　　时有(3)　　经常(4)　　总是(5)

7.我对工作要求高。

无(1)　　偶尔(2)　　时有(3)　　经常(4)　　总是(5)

8.要想干的工作,我一定要做出成绩。

无(1)　　偶尔(2)　　时有(3)　　经常(4)　　总是(5)

9.工作遇到困难我想法克服。

无(1)　　偶尔(2)　　时有(3)　　经常(4)　　总是(5)

10.对于工作的成功我充满信心。

无(1)　　偶尔(2)　　时有(3)　　经常(4)　　总是(5)

11.别人的成功使我产生超过他的念头。

无(1)　　偶尔(2)　　时有(3)　　经常(4)　　总是(5)

12.为了完成工作目标,我努力奋斗。

无(1)　　偶尔(2)　　时有(3)　　经常(4)　　总是(5)

13.我对工作从不甘落后。

无(1)　　偶尔(2)　　时有(3)　　经常(4)　　总是(5)

14.我的工作即使不成功我也不灰心。

无(1)　　偶尔(2)　　时有(3)　　经常(4)　　总是(5)

15.我喜欢工作狂人。

无(1)　　偶尔(2)　　时有(3)　　经常(4)　　总是(5)

16.我充分利用时间。

无(1)　　偶尔(2)　　时有(3)　　经常(4)　　总是(5)

17.工作富有挑战,我更有干头。

无(1)　　偶尔(2)　　时有(3)　　经常(4)　　总是(5)

18.我不讲究穿着打扮。

无(1)　　偶尔(2)　　时有(3)　　经常(4)　　总是(5)

19.我不怨天尤人。

无(1)　　偶尔(2)　　时有(3)　　经常(4)　　总是(5)

20.我相信只要努力,别人能做到的自己也能做到。

无(1)　　偶尔(2)　　时有(3)　　经常(4)　　总是(5)

(二)评价标准

计分方法:将 20 道题所选答案后面的分数相加即为总得分(即:无计 1 分,偶尔计 2 分,时有计 3 分,经常计 4 分,总是计 5 分)。

总分在 80 分以上,表现为竞争意识程度高。

总分在 70～79 分,表现为竞争意识程度中等偏高。

总分在 60～69 分,表现为竞争意识程度中等偏低。

总分在 60 分以下,表现为竞争意识程度低。

测试三:创造能力自我测试题

美国普林斯顿创造才能研究公司总经理、心理学家尤金·劳德塞,根据几年来对善于思考、富有创造力的男女科学家、工程师和企业经理的个性和品质的研究,设计了下面这套简单的试验,试验者只要 10 分钟左右的时间,就可知道自己是否具有创造才能。当然,如果你需要慎重考虑一下,适当延长试验时间也不会影响测试效果。试验时,只要在每一句话后面,用一个词表示你同意或不同意:同意的用"是",不同意的用"否",吃不准的或不知道的用"不定"。但是,回答必须准确、忠实,不要猜测。

根据你的实际情况,对下列题目做出最适合你的选择。

1.我不做盲目的事,也就是说,我总是有的放矢,用正确的步骤来解决每一个具体问题。

2.我认为只提出问题而不想获得答案的事,无疑是浪费时间。

3.无论什么事情,要我发生兴趣总比别人困难。

4.我认为合乎逻辑的、循序渐进的方法,是解决问题的最好方法。

5.有时我在小组里发表意见,似乎使一些人感到厌烦。

6.花费较多时间来考虑别人怎样看待我。

7.自己认为正确的事,要比得到别人赞同重要得多。

8.不尊重那些做事似乎没有把握的人。

9.需要的兴趣和刺激比别人多。

10.我知道在考验面前,如何保持自己的镇静。

11.我能较长时间坚持进行研究和解决问题。

12.有时我对一些事情过于热心。

13.在无事可做的时候,我倒常会想出好主意来。

14.在解决问题时,我分析问题快,综合收集的资料慢。

15.在解决问题时,我常凭直觉来判断对或错。

16.有时我打破常规,去做我原来并未想到要做的事。

17.我有收集东西的爱好。

18.幻想促进我提出许多重要的计划。

19.我喜欢客观而又有理性的人。

20.如果要我在本职工作之外选择两种职业,我宁愿当一名实际工作者,也不愿当一名探索者。

21.我能和周围的同学和同事们相处得很好。

22.我有较高的审美感。

23.过去我比较看重自己的名利和地位。

24.我喜欢那些坚信自己观点的人。

25.灵感和获得成功的关系不大。

26.我最高兴的是与我观点不同的人,经过争论成为好朋友,即使放弃自己的观点也愿意。

27.我最大的兴趣在于提出新的建议。

28.我乐意独自一个人整天地深思熟虑。

29.我往往避免做那些使我感到低下的工作。

30.在评价资料时,我觉得资料的来源比内容更为重要。

31.我不满意那些不确定和不可预言的事。

32.我喜欢一门心思苦干的人。

33.一个人的自尊心比得到他人的敬慕更重要。

34.我觉得那些力求完善的人是不明智的。

35.我宁愿和大家一起努力工作,而不愿单独工作。

36.我喜欢那种对别人产生影响的工作狂。

37.我在生活中常碰到不能用对或错来判断的事。

38.我认为“各行其是”、“各安其位”是很重要的。

39.那些常用古怪词汇的作家,不过是为了炫耀自己的才华。

40.许多人之所以感到苦恼,是因为他们把事情看得太认真了。

41.即使遭到不幸、挫折和反对,我仍然对工作保持原来的热情。

42.想入非非的人是不切合实际的。

43.我对不知道的事比知道的事的印象更深刻。

44.我对“这可能是什么”比“这是什么”更感兴趣。

45.我经常为自己在无意之中说话伤人而闷闷不乐。

46 即使没有报答和酬谢,我也乐意为新颖的想法而花费时间和精力。

47.我认为“出主意没什么了不起”这话是有道理的。

48.我不喜欢提出显得无知的问题。

49.一旦任务在肩,即使遭到挫折,我也要坚决完成。

50.任意选出10个最能说明你的性格的词。谨慎、热情、机灵、精神饱满、献身精神、朝气、无畏、孤独、脾气温和、泰然自若、独创、时髦、好奇、有说服力、渴求知识、律己、复杂、拘束、永不满足、光明磊落、坚强、自信、精干、实事求是、足智多谋、实干、保守、随便、有组织力、易动感情、虚心、老练、骄傲、不屈不挠、铁石心肠、实惠、柔顺、交际、不拘礼节、洒脱超然、敏锐、独立、自制、思路清晰、有理解力、远见、创新、善良、观察力强、一丝不苟。

评分规则:

第50题得2分的词是精神饱满、观察力强、不屈不挠、柔顺、足智多谋、独立、献身精神、独创、敏锐、无畏、好奇、朝气、热情、律己;得1分的词是自信、远见、不拘礼节、永不满足、一丝不苟、虚心、机灵、坚强、创新;其他词汇不给分也不扣分。第1~49题得分请根据下表。各题得分相加,统计总分。

题号	是	不定	否	题号	是	不定	否	题号	是	不定	否	题号	是	不定	否	题号	是	不定	否
1	0	1	2	11	4	1	0	21	0	1	2	31	0	1	2	41	3	1	0
2	0	1	2	12	3	0	−1	22	3	0	−1	32	0	1	2	42	−1	0	2
3	4	1	0	13	2	1	0	23	0	1	2	33	3	0	−1	43	2	1	0
4	−2	0	3	14	4	0	−2	24	−1	0	2	34	−1	0	2	44	2	1	0
5	2	1	0	15	−1	0	2	25	0	1	3	35	0	1	2	45	−1	0	2
6	−1	0	3	16	2	1	0	26	−1	0	2	36	1	2	3	46	3	2	0
7	3	0	−1	17	0	1	2	27	2	1	0	37	2	1	0	47	0	1	2
8	0	1	2	18	3	0	−1	28	2	0	−1	38	0	1	2	48	0	1	3
9	3	0	−1	19	0	1	2	29	0	1	2	39	−1	0	2	49	3	1	0
10	1	0	3	20	0	1	2	30	−2	0	1	40	2	1	0				

你的总分

140 分之上：表明你有非凡的创造思维力，属发明家、思想家一类的人物。

110～139 分：表明你属于突出创造思维型。

85～100 分：表明你的创造思维为较强型。

55～84 对分：表明你的创造思维属良好型。

30～54 分：表明你的创造思维是一般型。

16～29 分：表明你的创造思维是弱型。

0～15 分：表明你无创造思维。

若测定的总分偏低，也不必自卑，在 29 分以下不完全说明智力不高，可能是习惯思维较强的缘故。只要你努力去克服自己的思维弱点，你的创造思维能力就可以改善。

测试四：管理潜能测评参考题的自我测试

指导语：请你如实回答下列 60 道题，我们假设题目中的内容是一般情况下，或是大多数情况下发生的，请用“是”或“否”来回答。

1.买东西，喜欢讨价还价吗？

2.曾在某些集会中担任过主持人吗？

3.在就餐或买东西时，是否曾指责过服务员服务不佳？

4.曾经率先发动组织集会或团体活动吗？

5.曾使兴趣索然的场合变得生气勃勃吗？

6.在大众面前讲话感到困难吗？

7.与陌生人说话感到困难吗？

8.第一次做某件事时会感到很紧张吗？

9.常常因犹豫不决而坐失良机吗？

10.参加集会时常常告诫自己不要抛头露面吗？

11.热衷于有创造性工作时，即使没有朋友支持，也能独立进行吗？

12.让你在跳舞和演戏中选择，你是喜欢选择跳舞吗？

13.与其共同负责，还不如个人负责更好吗？

14.受到打击时，宁愿独自承受吗？

15.做事时更喜欢一个人去完成吗?
16.写信时需要再重新誊写过吗?
17.和多数人相处比一个人独处更愉快吗?
18.虽是正当的事但遭到嘲笑会觉得没趣吗?
19.遇到令人烦恼的事希望有他人在你身旁吗?
20.更喜欢运动而不太喜欢看书吗?
21.很少注意他人的脸色吗?
22.你已买下的东西,过后常会去退换吗?
23.是否很少担心将来的事?
24.你充满自信吗?
25.做没有兴趣的工作时,不需要别人的鼓动吗?
26.事事都有决断力吗?
27.被人嘲笑时,自己也笑得出来吗?
28.虽然被他人反对,还会坚持己见吗?
29.发生意外事件时,你会立即行动出力协助吗?
30.你非常喜欢与众人交往吗?
31.有过羞愧到无地自容的经历吗?
32.是否经常在积蓄财产?
33.经常反思自己的过错吗?
34.因为迷惑常常变更正在进行的事情吗?
35.与上司相处会觉得拘束吗?
36.事情受到挫折,会很泄气吗?
37.你是一个十分敏感的人吗?
38.工作时有旁观者会觉得不安吗?
39.在开会时常会言不达意、言不由衷或有言不发吗?
40.会因为小事受挫而意志消沉吗?
41.大家聚集一堂,你会感到愉快吗?
42.你讲话时,别人会用心听吗?
43.你愿意承认自己的错误吗?
44.朋友们会来征求你的意见吗?
45.是否常常不原谅他人的过错?
46.常常设法提起他人感兴趣的话题吗?
47.对大部分事情,可以按自己的想法表达出来吗?
48.大家讨论问题时,是否站在团体的立场上听取各人的意见?
49.在决策家庭事务或工作问题之前是否先设法了解大家的意见?
50.你认为,所谓意见主要是由经验造成的?
51.假若你改变观点,旁人会认为你是弱者吗?
52.受到别人批评时会觉得不自在吗?
53.与他人交谈时,你会不注意对方说话吗?
54.他人不同意你的意见你会不高兴吗?

55.你是否限制交朋友的圈子？

56.寄出信后常会后悔吗？

57.常常说一些不便让本人知道的话吗？

58.对一些需要对质的问题不希望当面回答，怕别人指责你的错误吗？

59.在商量时常常与人争论，或发出命令式口气吗？

60.你能承认你的辩论对手也有道理吗？

(一)评分标准及结果分析

第1～5题，11～15题，21～30题，41～50题答"是"者得2分，答"否"者得0分。第6～10题，16～20题，31～40题，51～60题答"否"者得2分，答"是"者得0分。各题未答者均得1分。满分120分，最低分0分。

100分以上管理潜能较优；

90～99分管理潜能良好；

80～89分管理潜能一般；

70～79分管理潜能较差；

69分以下管理潜能缺乏。

(二)单项能力分析

1.指挥他人能力

第1～10题中：满分20分。

15分以上指挥他人能力较强；

11～14分指挥他人能力一般；

10分以下指挥他人能力较差。

2.独立性

第11～20题中满分20分。

15分以上独立性较强；

11～14分独立性一般；

10分以下独立性较差。

3.性格

第21～40题中：满分40分。

30分以上外向；

21～29分中性倾向；

20分以下内向。

4.社会性反映能力

第41～60题中：满分40分。

34分以上社会性反应极强；

30～33分社会性反应较强；

26～29分社会性反应一般；

22～25分社会性反应较弱；

21分以下社会性反应极弱。

附:资料链接

如何培养创新能力

(一)什么是最好的创新

创新固然重要,但有用的创新更重要。

新颖是创新的必备要素,但并不意味着每次创新都是一种开天辟地式的革命。仅仅通过把一个领域的经验应用到另一个原本不相干的领域,可能就会完成一次伟大的创新。斯宾塞是美国电子管技术专家,"二战"期间在测试新磁控管技术时,偶然发现口袋里的巧克力会因为接近磁控管而融化。斯宾塞联想到,能否用类似装置给食品快速加热呢?微波炉就这样诞生了。

创新的实用价值更应着重考虑。我在SGI工作时,曾领导开发过一个三维浏览器产品。从技术角度出发,几乎每个人都认为这是非常酷的产品。但很遗憾,一个三维视图既不能带给用户更多信息内容,也会严重妨碍信息的高效传递,无法使用户在最短时间内获得最有价值的信息。这样一个对用户没用的创新,最终只能走向失败。

任何创新都要考虑在现有条件下的实施问题。我的博士论文,就是研发出世界上第一套非特定语言的连续语音识别系统。从新颖、有用的角度看,它都能得99分。但是,拿到真实环境中就碰到种种问题,例如噪音处理,如何分离各种同时说话的语音,麦克风太远等。因此,这项创新的可行性只能达到59分。

好的创新者应该是一个既有新颖想法,又理解用户需求,并能将实践将创意变成现实的人。第一种品质像一个科学家的特质,第二种像市场人员的,第三种则像工程师的。

(二)如何做最好的创新

究竟该怎样做,才能不断得到最好的创新呢?建议大家思考和实践以下五项创新准则:洞悉未来、打破陈规、追求简约、以人为本和承受风险。

洞悉未来就是要求创新者根据目前市场情况和用户需求,结合技术发展规律,对未来做出正确的预测和判断。

创新的最大障碍是无法脱离固有的思维定势或思维框架。发明汽车时,如果脑子里依然还想用赶马车的陈规来操作,就可能不是用方向盘,而是用缰绳来调整汽车方向!

追求简约也是通向创新的必由之路。初做搜索引擎时,研究人员发现,如果用户多输入几个字,搜索结果就会准确得多。技术人员想到了一个最简单有效的点子:把搜索框长度增大一倍。

以人为本是企业能否保持持久创新能力的关键。在谷歌公司,每位工程师都可以利用工作中20%的时间,做自己最有激情做的事情。

承受风险也是创新过程中重要的一点。我从事研究工作时,主管曾说,如果每一个项目都成功了,你实际上是失败的;因为你并不是在做研究,而是在回避风险,只选择那些十拿九稳、没有什么创新价值的项目。

(三)如何培养创新力

我的第一个建议是,在学习中,要知其然,也要知其所以然。中学生学习三角形面积定理时,可能人人都会背诵底乘以高除以二的公式,但是,聪明学生还会记住这个公式是如何推导出来的。

第二个建议是,遇到问题试着从不同角度来思考。美国3M公司一位研究员想发明粘合力非常强的胶水，但因为种种原因失败了，实验得到的只是一种粘合力很差的液体。一段时间后，他发现人们有这样一种需求：把便条或书签贴到桌上或墙上，可以随时揭下来——他此前发现的粘合力差的液体不正可以派上用场吗？就这样，一种险遭废弃的技术促成了即时贴的发明。

第三个建议是，多问问题才能更深理解。

第四个建议是动手实践。小时候，父亲曾让我们解答这样一个问题：用 6 根火柴拼成 4 个大小一模一样的正三角形。通过动手实践，我们都找到了正确答案。这样的实践让我对几何空间知识记忆深刻。

第五个建议是追随自己的兴趣、爱好。在谷歌，我们宁愿让员工做一个自己有激情的项目，也不愿因为项目紧急或重要，强迫他们做自己不感兴趣的事情。

在一种鼓励探索，支持兴趣，重视实践的教育环境下，创新并不难。只要培养出灵活的头脑和扎实的基本功，再兼具了科学家、市场人员、工程师的特质，同时热爱自己所从事的工作，你就一定可以做出最新颖、最有用、也最有可行性的创新来！

提升通用职业能力,打造高职学生就业竞争力

一、高职学生要加强通用职业能力培养,提高就业核心竞争力

世界银行《2007年世界发展报告》显示,全世界失业大军中的一半是青年。据统计,目前全世界有15亿年龄在12～24岁的青年,其中的13亿生活在发展中国家,这个数字比世界历史上的任何时候都要多。对发展中国家来说,这么多年轻人,既意味着将会拥有人数更多、技术水平更高的劳动力大军,也意味着如果没有充分的准备,就会有更多的人找不到好工作。

与此同时,随着全球金融危机的愈演愈烈,不少企业的招聘计划被冻结或缩水,这对原本就面临巨大就业压力的大学毕业生而言,无疑是雪上加霜。但是在如此严峻的就业形势下,高职学生把握自身优势,改进不足,仍然拥有很大的就业空间。

(一)高职学生就业优势

1.社会对高职学生的需求量有所增长

据统计,我国的大学毕业生结构有这样一个现象:同期毕业的学生,相对往年增幅有所减缓。前几年我国大学毕业生人数每年都要增加20000左右,而2009年大学毕业生人数仅增加了8000,增幅相对减缓。

而从目前针对大学毕业生学历结构分层次来看:研究生是5.7万左右,本科生11万左右,专科生大概是4.3万。高职学生的人数不仅没有增加,相反还略有下降。不少学生选择用继续深造、出国留学等方式来提升自己的实力来应对当前的就业压力,这使得高学历毕业生在应届毕业生中占的比重很大,远远超过了全国毕业生学历比例。但是就业岗位却不会因为毕业生学历结构变化而调整。尽管毕业生的学历层次在不断提高,但是工作岗位却仍然按照社会、按照实际的需要来招聘人才。一些专业性、实践性很强的一线工作岗位的需求大于符合这部分学历要求的毕业生人数,但是本科甚至更高学历的毕业生难以降低门槛走上这些工作岗位。

随着市场经济的不断成熟,用人单位已经从前两年盲目追求高学历的怪圈中走出,在人才选用时更为理智,用人求"实"不求"高"已成趋势。

从人力成本来看,高职学生略低于本科生。任用高职学生可以直接节约企业工资的支出,降低成本。所以,在学生的工作能力相差不大的前提下,像销售代表、技术工人等专业技术性岗位,用人单位当然更青睐于高职高专学生。

2.高职学生专业对口,动手能力强

高职院校以实用型教学为主,强调学生动手能力,在专业设置上紧密结合地方经济和社会发展对人才的需求而设置;教学内容、教学计划、课程设置不是按学科要求来安排,而是按适应职业岗位群的职业能力来确定,突出能力培养,十分强调实践训练和动手能力的培养,实行学历证书和职业资格证书的"双证书"制度。高职院校以培养一技之长的应用性专门人才为目标,比普通高校专科层次的毕业生更具有实用性、技能性。

3.高职学生稳定性强

高职学生的教育带有目的性，就业期望值更加务实，不像研究生、本科生那样与社会实际需求不符，难以有效对接。高职学生培养模式重视实训，所以他们的适应能力和动手能力都很强，能很快融入企业的生产，不像有些理论知识高深而动手能力稍差的本科生或研究生，还需要一段时间的“适应期”。严峻的就业形势使高职高专学生对自己定位更加准确，比本科生有更强的忧患意识，对工作的渴求更大，更加珍惜来之不易的工作机会，也更容易服从单位的工作安排。因而具有较强的稳定性。

(二)高职学生就业劣势

1.人才高消费的情况仍然存在

虽然企业在人才选用有向求“实”不求“高”发展的趋势，但是就业中学历门槛仍然存在。有的企业为了提升企业形象，在招人时所故意设立的“非重点院校重点专业统招本科毕业生不要”的门槛，让很多“非著名院校”的毕业生望而兴叹。一家银行招聘会上其负责人表示“有些工作高职高专学生也能做，但能招本科生何乐而不为呢？本科生比较容易申请指标”。一些民营企业单位招本科和硕士很多时候并不是因为的确需要这些高学历人才，而是在向别人展示自己很能吸纳人才，表明自己的单位层次高。

2.高职高专学生的发展后劲相对不足

虽然工作初期高职高专学生的动手能力、适应能力要比本科生、研究生强，但从长远来看，高职高专学生的发展后劲不如本科生和研究生，这是由于本科生和研究生的领悟力较高自学能力较强，知识的广度和深度都明显优于高职高专学生。在最新公布的《中国企业竞争力监测报告》显示，上市公司高管本科以上学历的占71.85％，大专学历的占21.28％。未来一些人才紧缺的岗位：IT业的各类工程师、游戏动画设计师、证券分析师、财务策划师和房地产估价师等，都特别青睐具有研发能力、知识深厚的研究生。显然，随着知识经济的发展、科技的进步，发展后劲相对不足的高职高专学生将处于就业劣势。

(三)高职院校就业困难群体

在公众的潜意识里大学毕业生由于年龄和知识结构在就业竞争中是就业优势群体，所谓的就业困难群体指“下岗职工和失业人员，同时也包括城镇隐性失业人员、临时工、农民工，以及农村中大量存在的剩余劳动力，甚至女性就业者”。但是高职学院中同样存在就业困难群体。

目前应届毕业大学生在“双向选择”进行择业和求职的过程中处于不利地位，因为学生综合素质不强；专业实践动手能力不够熟练；毕业生求职也定位不准确，工作经验的欠缺和吃苦耐劳精神不足等因素，难以获得用人单位青睐，使他们在初次就业中易于遭受就业挫折。从当前高职学校来看，就业困难群体比较集中在专业技能不突出、综合素质不高的学困生和贫困生、农村生源学生及部分女大学生。

从高职院校就业困难群体的组成不难发现，就业困难群体具有一定的特性，那就是职业能力相对欠缺。

就业问题是一个艰巨性、长期性、复杂性的问题，尽管各高职院校对毕业生就业指导工作十分重视，然而由于就业形势严峻、就业指导工作起步较晚等原因，许多高职院校的就业指导工作仍安排在学生毕业前夕，往往在最后一个学期，才匆忙对毕业生进行指导。这种指导在提高毕业生面试技巧、让学生了解择就业签约过程等方面可能会有一些效果，但是对提高毕业生未来工作能力、调整就业方向及提高创业能力等方面几乎起不到作用，就业指导的实际效果不明显。

就业竞争力指人在求职活动中能促使人顺利获得工作岗位的一种综合能力，它包括知识、技能、态度、个性、心理承受力等的综合素质。它是通过学习和素质的开发而形成的，是一种可以塑造和培养的能力。影响就业竞争力因素很多：专业能力和性格、掌握信息情况、人脉的广泛程度等提高或者制约学生的就业竞争力。

(四)高职学生能力本位是知识本位与技能本位的辩证统一

弗兰西斯·培根说："各种学问并不把它们本身的用途交给我们，如何应用这些学问乃是学问以上的智慧。"

这种智慧实际上是一种应用知识解决问题的能力。很多学生在学校学到了很多理论的知识，但是，在社会实际工作中，我们更需要将这些理论知识运用到实际中去，学会运用在学习知识过程中发展起来的逻辑思维能力，用在学习过程中发展起来的学习能力学习新的知识。但是，从对上面就业困难群体的调研中可以发现除去性别，地域等非人为因素，大多数就业困难群体往往是不能将职业知识转化成职业能力的学生。

高职学生最终要走进社会，职业能力的高低决定了学生在社会受欢迎的程度，从某种意义上来说，通用职业能力是学生进入社会的法宝。现在很多大学生为什么不能得到用人单位的首肯，其重要原因就是目前的大学教育和职业脱节。在学校里，学生学习只以课本知识为主，而对职业上的基础知识却很少涉及，致使企业不得不承担教育体系本身应该完成的工作。

当然，如今的教育确实存在一些弊端，但是从学校教育的特点来说，这种问题不是在短期内能够解决的。对于高职学生来说，职业能力是立业之本，我们只有在现有的教育条件下去更好的培养学生的通用职业能力，这才是最明智的方法。高职学生只有具备了最基本的职业能力，才能更易于被社会所接纳，才能从根本上提高就业竞争力。

[案例]

小张是某高职学院计算机专业的学生，大三那一年，在父亲朋友的介绍下，小张进入某所著名的科研机构实习。刚去的时候，他除了帮忙做做办公室的卫生，打打开水，只能干坐着。领导看他有点可怜，就扔给他一个任务，说："三个月内完成就行，到时候给你一个实习鉴定。"后面的三天时间里，他干脆住在单位，完成了它。

第四天上午，当他告诉领导人，他已经完成时，领导吓一跳，立即对他刮目相看，并且又给了他几个任务还规定他在很短的时间完成，他都提前完成了。

实习结束，领导没多说什么，但不久便指示人事部门负责人要亲自去小张的学校点名录取他，人事部门的负责人很奇怪："来我们这里求职的都是名牌大学本科生、硕士生，还有博士生，你都不要，却非要一个高职学生，不是开玩笑吧？"

"不开玩笑，他有专长，有能力并且踏实。"

小张进入单位后工作很努力，后来，这个科研机构的主管部门临时借调他去帮忙，结果是：这个部门以前的报表都是最后一个交，并且经常返工，但是这一次，小张不仅第一个送上报表，而且一次性顺利通过。

于是上面点名要他，而下面不愿意放，但硬是被调走了。现在他已经是一个部门的负责人了，并且下属多是本科生、硕士生。

在就业竞争激烈的形势下，小张何以如此轻松地找到体面而且重要的工作？我们可以总结的经验就是：把自己所学的知识对应于社会职业的需要，用能力赢得单位的赏识。

通用职业能力是一种综合的能力，学生在学校成绩仅仅是其中一个方面，信息应用能力、社会适应能力、解决问题能力等通用职业能力也同样重要，在校的高职学生切不可将学习成绩当成大学期间唯一的评价标准，而是应在学习理论知识的同时，注重理论知识的实际运用，注重参与社会实践，并通过各方面锻炼自身的通用职业能力。

职业能力培养是高职教育的目标和特色，但是职业通用能力究竟如何培养，一直是高职教育关注的热点，也是难点。应该说，通用职业能力不是孤立的个体，而是一个有机的整体，综合地发挥作用，其中任何一种孤立的能力要素都难以完成职业活动，从这种层面说，高职学生应具备以下这些基本的通用职业能力，包括学习发展能力、沟通交流能力、社会适应能力、解决问题能力、信息应用能力、团队协作能力、创新能力等。我们将通过下面这个案例来看看这位高职大学毕业生如何将自己的各种能力有机结合来实现自己的职业发展的。

［案例］

大学毕业后我进入了烟草行业，被分配到最基层的收购组，担任了一名普通的烟叶技术员。当时我的心情非常复杂，一名大学毕业生就大材小用了吗？第一个夜晚我几乎没有睡觉。那一夜，我想了许多。一个烟叶技术员应该具有从育苗、苗床管理到烘烤、扎把等过硬的技术，还要有一定的口才和责任心。而自己的理论知识比较丰富，虽然林学专业和烟草有些不同，但是从土里长出来的东西多少有一些相似，不足的是实践知识缺乏。高职毕业生就是要和其他的烟叶技术员有所不同。于是我确定了工作的重点，那就是着重实践操作，对于不懂的地方，我都要实践操作一次。找对了路子，我的工作很快变得轻松起来，和当地的烟农也建立了深厚的友谊。

当年8月下旬，进入到收购的季节，烟草站要实行微机收购。站里没有懂微机的员工，领导便把我从收购站调到烟草站，负责管理微机。大学扎实的计算机理论知识和熟练的操作，让我的工作得心应手。

后来，公司需要一名宣传干事，我在大学担任过系团总支的宣传部部长，也发表了一些小文章。于是我又从烟草站调到公司办公室。为了更好地做好宣传工作，我参加了新闻写作培训班，在半年的时间里系统地学习了新闻写作、摄影技术等知识，辛勤的付出有了丰硕的回报。

总结几年的经验，我想，克服焦虑其实很简单，就是在能力上做到"人无我有，人有我优，人优我新。"

从这则案例我们可以得到启示：专业能力是核心，学习发展能力是源头活水，信息应用能力是导航仪，解决问题能力是工具，团队协作能力是助动器，社会适应能力是调试器。职业通用能力的培养是提高高职学生就业竞争力的最佳助力。

二、如何打造高职学生的职业通用能力

能力本位，行胜于言。职业通用能力并不是单一的，而是相辅相成的，是不断地贯穿于高职学生的学习生活中的，将高职学生职业通用能力的培养融入他们的学习和生活中去，用习惯养成能力。

撒切尔夫人说过："有时事务太忙，我也可能感到吃不消，但生活的秘诀实际上在于把 90%的生活变成习惯，这样你就可以习惯成自然了。你想都不用想就去刷牙，这就是习惯。"其实教育也是一样，对于学生通用职业能力的培养应该渗透在三年的高职教育中，通过班会和其他课余时间对学生的职业通用能力进行训练，学生能力的培养就是在学生学习的各阶段对学生习惯、心态等的培养。

(一)入学初期：重新认识自己，制订一个初步目标

有一种东西比能力更罕见，更优美，更珍奇，那就是能正确地认识自己。

雕刻好人生，首先要清晰地认识自己。认识自我便可量力而行，唯有自知，方能趋利避害。了解自己，包括认清自己周边的环境，看你个人发展受到哪些方面的因素的影响。只有充分而且正确的认识自身的优点与缺点，才能不断地推动人生前进的步伐。只有充分的了解自己，才能真正地充满自信地肯定自己，所以结合高职教育的特点，在大学新生入学时期，我们要做的就是让学生重新认识自己，并为自己制订一个初步的职业目标。

1.让适应之道引导你的生活

大多数从大学就脱颖而出的成功人士有一个共同的特点，那就是他们能够很快地融入新的生活中去，万事开头难，陌生的环境、陌生的人，很多人可能会因为没有适当的方法与别人沟通而感到苦恼。其实，只要掌握融化陌生的几个方法后，人们就能很轻松的与人沟通，并给对方留下很深的印象。

(1)主动向新同学问好

面对陌生人，有些人胆子非常小，不敢主动向对方问好。其实，这并不是一件难事。你为何不抛弃自己胆怯的心理，大胆地跟他说："我一直想跟你说话，但是我很怕接近你。"此语单刀直入，会令对方无法拒绝你。这不仅让你能继续以下的谈话，而且还是种最有效的沟通方式，省了一堆繁文缛节。

可以说，与陌生人说的第一句话，说得好与坏，关系重大。总的原则是亲热、贴心，消除陌生感。

(2)绽放迷人的笑容

微笑虽然无声，但它却可表达出高兴、欢悦、同意、赞许、尊敬等许多意思。正如波拿巴·奥巴斯朵丽在《如何消除内心恐惧》一书中所说的："你向对方微笑，对方也报以微笑，他用微笑告诉你：你让他也体验到幸福感。由于你向他微笑，使他觉得自己是一个受别人欢迎的人，所以他也会向你报以微笑。换言之，你的微笑使他感到了自己的价值地位。"谁愿意与整天绷着脸的人交往呢？

[课间活动]介绍我的新同学们

让班上的同学自由分组，先让一个小组的学生相互了解，然后由各组成员在大家面前相互地介绍自己的组员。

目的:类似于新生的自我介绍,为的是让大家能简单的了解自己新班级里的同学。

要点:这里让学生先分组,是为了让他们能够较为细致的了解一小部分自己比较熟悉或者有好感的同学;而为了能够进一步的向其他同学介绍,他们之间初步的了解会更多更认真一点;而且这样也给了全部学生上台发言的机会。能够促使学生能够更好地融入新的大学环境,也便于老师在过程中对学生进行初步观察了解。

2.自信是成功的坚强后盾

据调查发现,大部分高职学生刚入学时候的心态是很微妙的,一方面他们自豪于他们冲过了高考的独木桥,进入人生的新阶段,但是另一方面他们又自卑于自己高职生的身份,认为高职生比本科生要低一等。这样既自负又自卑的心态加上现实与理想中大学生活的落差以及高中到大学学习方式和心态的转变的不及时,往往造成高职学生对自己认识的缺失,使得部分学生在大学初期显得不那么的自信。

大学的教育方式,以及学生生活环境和学生之间的相处方式都与之前的中学阶段有着极大的不同,有的学生因为不能及时地调整自己而造成因为学习跟不上进度或者和同学之间相处不愉快等而造成自卑心理。事实上,每一个学生都想成为自信的人,但是他们找不到行之有效的方法。其实想要变得自信,并不像我们想象中的那么困难。要自信,首先要正确地认识自己,自信建立在对自己客观认识之上,俗话说"人贵有自知之明"就是这个意思。学生在入学初期要做的就是引导学生对自己进行客观的分析,让他们明确自己的优缺点,让他们根据自己的情况发展自己,完善自己,挖掘自己的才干和特长,以累积自己的信心。同时也找出自己的缺点,用适当的措施来克服和补救,变不利为有利。

[课间活动]　我的优缺点

让学生在纸上写出自己的优点和缺点。

要点:

(1)在开始对学生做思想引导,欢迎他们进入大学学习,肯定他们中学阶段的努力,在一开始引起学生的自豪感。

(2)告诉学生自我认识的重要性,要求学生思考并写出自己的优点以及他们不足的地方。

(3)保证学生有足够时间充分思考,并要求他们整理自己的优缺点并写出来。

目的:

这次游戏是学生自我认识的一个过程,也是教师认识学生的一个过程。

它的主要目的是通过让学生认识自己的优点,以培养学生初步的自信心,让学生从认识自己的长处出发进入到大学生活,并通过教师事后有针对性的赞扬来让学生感到一定的成就感,让学生达到自我悦纳、自我肯定、自我实现。

同时也让学生在自信的基础上思考自己的不足,提醒学生自信需要建立在适度的基础上,不能盲目。通过学生的第一次自查,让学生进一步的认识自己,选择最适合自己的学习发展方法。自信这个词说白了就是自己相信自己,有自信的人不但魅力十足,而且无坚不摧。

从心理学的角度讲,自信就是一种积极的自我认识,一种积极的人生态度。自信的学生对自己的能力充满信心,相信通过自己在大学期间的努力能够实现既定的目标。学生也因为自信而能够更加清醒、理智的制订自己将来的学习计划,最大限度的发展其自身的学习发展能力。

3.描绘一个美好的未来

一切成功都是从目标开始,没有目标的行动像梦游一样。卡耐基说过:“没有明确的目标的人就像无头苍蝇一样到处乱窜,然而结果往往是费了九牛二虎之力却哪里都到不了。”而在成功者的字典里,永远不会出现“盲目”二字,因为他们有目标。目标明确,人们才能少走弯路,才能比别人更接近成功。

有一个瘦子和一个大胖子在一段废弃的铁轨上比赛走枕木,看谁能走得更远。

瘦子心想:“我的耐力比胖子好得多,这场比赛我一定会赢。”

开始也的确如此,瘦子走得很快,渐渐地将胖子甩下一大截。但是走着走着瘦子渐渐走不动了,眼睁睁地看着胖子稳健地向前走,逐渐从后面追上来并超过了他。瘦子想继续加力,但终因精疲力竭而跌倒了。

在好奇心的驱使下,瘦子向胖子请教了其中的秘诀,胖子说:“你走枕木的时候只看着自己的脚,但是枕木上满布的青苔让你顾虑,在焦虑和疲惫中,所以你走不远就跌掉了。而我太胖了,以至于看不到自己的脚,只能选择铁轨上稍远处的一个点,并且想象走到那个点的时候也就是你力竭的时候。在接近目标的时候,我又会选择另一个目标,然后不停的走向新目标,而且我之前听人说过,枕木上的青苔其实并不会让人打滑,不会影响我的行走;正是因为对枕木的了解和目标的制订,所以我只用放心的走,走向我想要达到的地方。”

随后胖子颇有哲学意味的指出:“如果你向下看自己的脚,你所能见到的只有铁锈和发出异味的植物而已;而当你看向前方的一个目标的时候,你就能在心中看到目标的完成,就会有高的希望和动力。”

事实上,每个人都知道在生活中树立目标的重要性,然而,大多数目标的建立或是受他人影响,或是处于对生活的默然,大街上很多人都是跟着盲目无目标的人流。从上面的故事我们可以看到,瘦子一开始为自己制订了一个目标,却不去了解其他的对这次比赛有用的信息,所以他制订的目标没有胖子的好,所以失了比赛。柯维说过:“如果我们非常想得到某件东西,我们就必须把他作为自己坚定的目标。在我们充满信心的追求一个目标的时,会有很多事情发生。只要我们相信自己不会失败,这些事情就会成为促使我们成功的有利因素。”

所以当学生初入大学的时候,需要引导他们为自己描绘一个美好的未来,但是这个时候我们要学生制订的目标并不是毫无边际的空想,学生需要描绘的应该是一个美好而可行的目标,如何让美好的目标变得可行则需要学生学会广泛的收集其身边的各种信息,并且让有效的信息为我所用。

[课间活动]　五年后的我

让学生在纸上描绘五年后自己的生活。

要点:

(1)让学生想象五年后的自己。五年后是学生毕业后的第二年,处于创业初期,也是其大学生涯第一个目标能够得以体现的一个时间点。

(2)可以举一些毕业生他们在校期间的表现,以及他们的目前发展的现状来作为学生想象的依据,来了解本校甚至本专业学生的成功或失败。

(3)如果可以,举行毕业生和在校生的见面会。

(4)告诉学生潜意识的重要性,很多人因为无数次地幻想自己的将来,并坚信自己的理想而成功的例子。

(5)要求学生尽可能详细地对自己的将来进行描述,越细致越好。

目的:

这次游戏其实是一个让学生主动去通过各种渠道收集对自己将来有用的信息的一个过程;通过案例的分析,通过与学长的接触以及其他更多的方式,他们对将要面对的大学生活收集更多有用的信息,并学会让有效信息为我所用,也让学生为自己的大学生活做一个初步的规划。

现在,我们正生活在信息风暴中,现代社会是一个靠信息生存的时代,但有的时候,我们会觉得某一条信息对自己用处不大或者毫无用处,但是如果将这条信息和其他的信息联系起来,或许就会给人一种豁然开朗的感觉。信息就是生产资料的组织,所以一入学就要培养学生收集信息的习惯。让信息的运用成为他们今后就业路上关键的一步。

4.用积极乐观的心态来培养成功

积极乐观的心态是人们追求幸福和进步的最大动力,也是一个高职学生应具备的最基本的素质。很多大学生在入学初期往往因为对自身认识不够充分或者其他各种原因而无法很好的调适自己,从而产生消极的心态。

心理学家认为,一个人具有什么样的心态,他就可以成为一个什么样的人,也就能够拥有一个什么样的人生。事情往往是这样的,当你相信会有什么结果,你就可能会有什么结果,这说明一个人可以通过改变自己的心态来变更自己的生活。但是因为自身的生活阅历不够丰富等原因,大学新生往往不能及时的调试好自己的心态而变得烦郁和消极,而这时学生必须及时地找到疏解方式来调整自己的心态。最好的方法其实是非常简单的,那就是多与人沟通。

"二战"时,汤姆太太的丈夫到一个位于沙漠中心的陆军基地去驻防。为了能经常和丈夫相聚,她也搬到那附近去住。其实那是个可憎的地方,她简直没见过比那更糟糕的地方。她丈夫出外参加演习时,她就只好一个人待在那间小房子里,那里热得要命——仙人掌树荫下的温度高达摄氏50度,没有一个可以谈话的人;风沙很大,到处都是沙子。

汤姆太太觉得自己倒霉到了极点,觉得自己好可怜,于是她写信给他的父母,告诉他们她放弃了,准备回家,她一分钟都不能再忍受了,她宁愿去坐牢都不想待在这个鬼地方。她的父亲的回信里只有3行字,这3句话常常萦绕在她的心中,并改变了汤姆太太的一生:

有两个人从铁窗朝外望去

一个人看到的是满地的泥泞

另一个人却看到了满天的繁星

于是她决定找出自己目前处境的有利之处。她开始和当地的居民交朋友,他们都非常的热心。当汤姆太太对他们的编织和陶艺表现出极大的兴趣时,他们会把拒绝卖给游客的心爱之物送给她。她开始研究各式各样的仙人掌及当地植物,试着认识土拨鼠,观赏沙漠的黄昏……

是什么给汤姆太太带来了如此惊人的变化呢?沙漠没有改变,改变的只是她自己。因为她的心态变了，正是这种改变使她有了一段精彩的人生经历，她发现的新天地令她兴奋又刺激。于是她开始着手写一部小说，讲述她是怎样逃出自筑的牢狱，找到了美丽的星辰。

莘莘学子寒窗苦读的唯一目标便是挤过独木桥，独木桥之后的大学生活作为他们长时间里唯一的努力目标，在老师们模糊的说明，在家长殷切的期盼和学生本身的想象中变得无限的美好。根据调查显示，有80%的学生对象牙塔感到失望或者不满意，理想和现实的差距让一些学生如同故事中的汤姆太太一样变得痛苦。汤姆太太后来因为和父母沟通，然后顿悟，换了一个角度去看待那个她痛恶的环境后通过改变自己的心态而改变了她之后的人生。

困难、挫折、失败是喜悦、幸福、胜利的孪生兄弟，人生总是这样顺逆交替，有如黑夜、白昼或者四季变更。但是在现实中，一些学生并不能很好的看清而变得消极。然而消极的心态和积极的心态是此消彼长的，懂得培养积极的进取的心态，我们就能变得乐观、开朗和善良，就能在学习和生活中得到最大的收益。大学生需要努力地塑造自己的积极心态，使之成为自己就业路上的巨大助力。

5.正确地认识自己

职业生涯规划是目前很时髦的一个名词，那么到底什么是职业生涯规划？怎么才能做好职业生涯规划呢？

所谓职业生涯就是一个人一生的工作经历，特别是职业、职位变动及工作理想实现的整个过程。而职业规划则是根据自己的职业理想和自身优势，规划自己的职业之路，为自己在社会中进行定位。即对第一步如何走，第二步如何走、第三步如何走等进行认真规划，确定职业目标，然后，验证这个规划努力前进，最终实现自己的人生理想。

但是在大学生入学初期，我们要让学生学会自信、乐观，帮助他们最快的适应大学这个新的学习生活环境之后，然后找到一个可行而美好的奋斗方向。我们做这一切其实就是为了一个最单纯的目的：让学生正确的了解自己。

雕刻好人生，首先需要的就是清晰的认识自己、了解自己，包括认清你周边的环境，看你个人发展受到哪些方面的因素的影响，个人又有哪些资源可利用。一个有效的职业生涯设计，必须是在正确认识自身的条件与相关的环境的基础上进行的。对自我及环境的了解越透彻，越能做好职业生涯设计。因为职业生涯设计的目的不只是协助你达到和实现个人目标，更重要的也是帮助你真正的了解你自己。大学生需要尽早做好职业生涯规划，认清自我，不断探索开发自身潜能的有效途径或方式，才能准确地把握人生方向，塑造成功的人生。实践证明，在职业生涯中能够取得成功的人，往往是那些有着一种清晰的职业生涯规划的人。

你需要审视自己、认识自己、了解自己，并做自我评估。自我评估包括自己的兴趣、特长、学识、技能、智商、情商、思维方式、道德水准以及社会中的自我等内容。认识自己一定要全面、客观、深刻，绝不回避缺点和短处。“当局者迷，旁观者清”。大学生们在进行自我认识的时候多与家庭、同学、朋友、师长等第三者交谈和沟通，还能够在不知不觉中锻炼其沟通交流能力；并且能在与人沟通的同时尽可能地多掌握和运用相关的信息，让有用的信息为我所用，把资讯变成帮助自身学习又从而提高了学习发展能力；在充分的了解自己以及自己的目标之后，学生们在遇到一些问题和困难的时候能够以良好的心态去面对，渐渐地他们解决问题的能力也相对提高，也能够很快地融入大学生活中去，为今后社会适应能力的培养打下了很好的基础。

所以大学生能够正确地认识自己有助于使个人认清自己发展的进程和事业目标，作为选择职业与承担任务的依据，把相关的工作经验积累起来，准确地充分利用有关的机会与资源，指引自我不断进步，让各种能力不断提高。

［课间活动］ "W"分析法

要求学生结合自身在四张白纸上回答关于5个"What"的问题。

问题：

1.What am I(我是谁？)

2.What will I do?（我想要做什么？）

3.What can I do?（我能做什么？）

4.What does the situation allow me to do?（环境支持或允许我做什么？）

5.What can I be in the end?（最终我想达到什么？）

要点：

1.Who am I：面对自己，真实地写出每一个想到的答案，并按重要性排序，比如自己的专业、家庭情况、年龄、性别、性格、动手能力、思考能力等。

2.What will I do：可以从小时候回忆，把自己喜欢做的事情写下来。

3.What can I do：可以把自己有能力做的，还有通过潜能开发能够做的事写下来。

4.What does the situation allow me to do：稍作分析，将自己所处的家庭、单位、学校、社会关系等各种环境因素考虑进去，自小向大，认为自己有可能借助的环境，都应在考虑的范畴之内。在这些环境中，认真想想自己可能获得什么支持和允许，搞明白后一一写下来，再以重要性排列一下。

5.What can I be in the end：当学生认真地回答完以上的几点，这个问题也就基本有了答案。

把前四张纸和第五张纸一字排开，然后认真比较第一至第四张纸上的答案，将内容相同或相近的答案用一条横线连起来，你会得到几条连线，而不与连线相交的，又处于最上面的线，就是你最应该去做的事情，你的职业生涯就应该以此为方向。你要在此方向上以三年为周期，提出近期、中期与远期的目标，然后在近期的目标中提出今年的目标，将今年的目标分解为每季度目标、每月目标、每周目标、每天目标。这样，你每天睡前就可以对照自己的目标进行反省，总结当日成就与失误、经验与教训，修正明天的目标与方法，第二天醒过来后温习就可以投入行动了！这样日积月累，没有不能实现的规划。

(二)愉快学习：知识以外，能力之上，用更多的东西来武装自己

知识本身并非力量，知识的运用才是力量，能力比知识更重要。

一个人精力毕竟有限，知识浩如烟海，要掌握所有的知识是不可能的。有句俗话，大家应该都知道：授之以鱼不如授之以渔。可见方法和能力的重要性。知识以外，能力之上，大学，除了授予高职学生学习专业的知识和技能外，更重要的是为他们提供一个能够充分挖掘自身潜力的环境。世界上缺少的不是千里马，那么大学生们，为何不做自己的伯乐？

1.思考，在有限的时间里用勤奋取得成功

勤劳一日，可得一夜安眠；勤奋一生，可得幸福永远。无论一个人他的自身能力有多强，他的发展有多全面，他有多聪明，如果不多思考，不勤奋不努力，那么一切的只是空谈，因为所有的成功都不会眷顾懒惰的人。

当高职学生度过大学适应期后往往很容易陷入倦怠期的懒惰中，也常常会遇到不少自己一时难以解决的难题。这个时候，请停下来，思考；合理的利用时间，在有限的时间里不断地思考，那么学生们解决问题的能力能够得到提高，离成功又进了一步。

我们先来看下面两个小故事：

有人问寺院里的大师："为什么念佛的时候要敲木鱼？"

大师说："名为敲鱼，实为敲人。"

"为什么不敲鸡啊、羊啊？偏偏敲鱼呢？"

大师笑着说："鱼儿是世间最勤快的动物，整日睁着眼睛，四处游动。这么勤奋的鱼儿都要时时敲打，何况人呢？"

寺院里这位大师讲的敲打，就是我们现在说的鞭策。人的一生总是会因为疲惫或者不如意等而陷入懒惰中，人一生要勤奋就要不断鞭策自己，克服懒惰的毛病。与勤奋相反的就是懒惰。

"懒惰"是个很有诱惑力的怪物，人的一生谁都会与这个怪物相遇。比如，早上躺在床上不起来，起床后什么事也不想干，能拖到明天的事今天不做，能推给别人的事自己不做，不懂的事自己不想懂，不会做的事自己不想做。懒惰是人类最难克服的一个敌人，许多本来可以做到的事，都因为一次又一次的懒惰拖延而错过了成功的机会。

懒惰是一种恶劣的精神负担。学生一旦背上了懒惰这个包袱，就会整天怨天尤人，精神沮丧，无所事事。因此，那些生性懒惰的人不可能在社会生活中成为一个成功者，他们永远是失败者。

"勤能补拙是良训，一分辛苦一分才"。只有勤奋、上进，才会取得成绩。但是勤奋并不等于蛮干，也要讲求方法，只有方法适当，才能成功。因此，高职学生在学习知识和技能的时候，既要勤奋努力又要灵活动脑，积极地思考问题，才会取得明显的成效。

德国数学家高斯在历史上影响之大，可以和阿基米德、牛顿、欧拉并列，有"数学王子"之称。

小高斯 10 岁时，有一次他的数学老师让他们全班解答一道习题：立即计算出"1＋2＋3 ＋4……＋100＝?"的答案。这个题目在今天已家喻户晓，可是在那个时候对于一群小学生来说，是不简单的。孩子们都想争取第一个算出来，立刻在草稿纸上做了起来。只有小高斯没有动手，他在仔细地思考。老师见他不动笔，走上前来问他怎么了，为何还不开始计算。小高斯说他已经知道答案了，是 505000 老师十分诧异，间他是否提前做过这道题。高斯告诉老师，他通过观察发现这一组数字中 1 加 100 等于 101、2 加 99 等于 101……这样的等式一共有 50 个，因此这道题目可以化简为 101×50＝50500。

"真是太精彩了 ！"老师赞扬地说。

这种"精彩"并不取决于孩子的智商，而是取决于孩子良好的思维习惯使智力的潜在能力得到了充分发挥。认真的思考虽然为孩子解决问题的过程增加了一个环节，确实解决问题的时间缩短了许多，大大提高了学习的效率。从这里边我们就能看出善于思考的优势，只有善于思考才能更好地提高学生解决问题的能力。

2.良好的人际关系是成功的一半——团队协作能力

每一个人都希望自己的生命中有一个“贵人”能在关键时刻或危难之际能帮自己一把。但事实上“贵人”就在我们的身边；人类本就是一种群居动物，如果能够有很强的团队协作能力，那么我们可以相信，每一个身边的人都可以是自己的“贵人”，都能够打开我们机遇的天窗，让不少困难拨云见日，豁然开朗。

红杉——北美生存时间最长、最具生命力的植物，它的生存隐含了一种“团队合作”的力量。但是有的时候，有的学生觉得在大学这个个体差异很大的大环境里，与人合作很困难。其实并不是这样，在你建立良好的人际关系的同时你的团队协作能力也会相应得到提高。我们懂得了处理好人际关系的重要性，但是还是有很多人不知道怎样才能处理好人际关系。甚至相当多的人错误地认为拍马屁、讲奉承话、请客送礼才是人际交往的关键，其实这样的做法是不可取的。

3.信息时代，信息等于机会——信息应用能力

不少人认为信息应用能力就是指现代人通过计算机网络来获取有用的信息，其实不然，信息是时时刻刻发生在我们身边甚至说这个世界的各种各样的事情，只要有心，总能从你的身边发现出对自己有用的信息，信息应用能力其实就是你发现提炼有用信息并为自己所用的能力。作为天之骄子的大学生，信息是你们不可缺少的能力。

小李是某职业学院的应届毕业生，实习时候的工作是为老板干一些文书工作，跑跑腿，整理整理报刊材料。这份工作很辛苦，薪水又不高，他时刻琢磨着想个办法赚大钱。

有一天，他从报纸上看到这样一条介绍美国商店情况的专题报道，其中有一段提到了自动销售机，上面写道：“现在美国各地都大量采购自动售货机来销售货品，这种售货机不需要雇人看守，一天24小时可随时供应商品，而且在任何地方都可以营业，给人们带来了许多方便。可以预料，随着时代的进步，这种新的售货方法会越来越普及，必将被广大的商业企业所采用，消费者也会很快地接受这种方式，前途一片光明。”

小李开始在这上面动脑筋，他想：“现在国内还没有一家公司经营这个项目，可将来必然会迈入一个自动售货的时代。这项生意对于没有什么本钱的人最合适。我何不趁此机去钻这个冷门，经营此新行业？至于售货机里的商品，应该搜集一些新奇的东西。”

于是，他就向朋友和亲戚借钱购买自动售货机，共筹到了30万元。这笔钱对于一个小职员来说可不是一个小数目。他以一台1.5万元的价格买下了20台售货机，设置在酒吧、剧院、车站等一些公共场所，把一些日用百货、饮料、酒类、报纸、杂志等放入其中，开始了他的创业生涯。

小李的这一举措，果然给他带来了成功，当地人第一次见到公共场所的自动售货机，感到新鲜而且为大家带来了便捷，这样小李的自动售货机第一个月就为他赚到100万元，为他的创业生涯赢得了第一桶金。

正是一条有用的信息，造就了小李的成功。当代大学生应当时刻保持对信息的敏感，只有这样才能时刻领先别人一步，成为一名善于把握信息的能人。

4.学会对信息进行有效筛选

当你面前有一个目标时，你会从各种渠道得到各种各样的信息。这些信息中，有的足以决定你的成败，有的可以促进你获得成功，而有的却是负面信息，它不但不会对

你的工作产生促进作用，还会产生阻碍作用。更有些信息本身就是假信息，它会带你走上弯路甚至歧途。我们掌握了这许多的信息后，首先，要去伪存真，剔除虚假信息；其次，就要对真实的信息进行筛选，选出对自己实现目标有利的因素，而去除那些阻碍因素；最后，就是要利用筛选出来的有用的信息和自己的认识、判断力来采取有效的行动，来达到目标。

下面来看看布朗先生是怎样做的：

布朗先生是美国某肉食品加工公司的经理，一天，他在看报纸的时候，看到一个版面上有以下几条信息：美国总统将要访问东欧诸国；部分市民开始进行反战游行；英国一科学研究室称未来10年有望克隆人体；墨西哥发现了类似瘟疫的病等等。看到这些信息，他的职业敏感性马上让他嗅到了商业机会的气息，他意识到"墨西哥发现类似瘟疫的病"这条信息对自己很重要。他马上联想到：如果墨西哥真的发生瘟疫，则一定会传染到与之相邻的加利福尼亚州和得克萨斯州，而从这两州又会传染到整个美国。事实是，这两州是美国肉食品供应的主要基地。果真如此的话，肉食品一定会大幅度涨价。于是他当即派医生去墨西哥考察证实，查证结果是：这条信息是真实可信的，墨西哥政府已经在想办法联合美国部分州政府共同抵御这场灾难。于是，布朗立即集中全部资金购买了加利福尼亚州和得克萨斯州的牛肉和生猪，并及时运到东部。果然，瘟疫不久就传到了美国西部的几个州，美国政府这时下令禁止这几个州的食品和牲畜外运，一时美国市场肉类奇缺，价格暴涨。布朗在短短几个月内，净赚了900万美元。

这则成功的案例中，布朗先生所做的几点是值得我们学习的。首先他从各种新闻中发现了一条可能对自己有用的信息；其次，他及时的验证了信息的真伪；再次，他采取了果断的行动。同时他还运用了自身其他的信息储备，他的地理知识也帮了他的忙。精明的布朗先生就是利用善于对信息进行筛选这一能力，获得了成功。

学生在学校里学习的时候可以做这些事情，即仔细、认真地阅读报纸，把自以为重要的信息剪下来，进行前后对比，并对信息进行考察、筛选，看哪些信息现在就可以利用，哪些信息以后可能会有用，然后对信息进行加工处理和整理。

当学生在校期间就注意对信息收集和筛选的训练，在生活中多观察、多思考，看哪些信息是真实的，哪些信息是我们可以利用的，哪些信息是可以为自己带来效益的。熟练地驾驭了信息，就能够为自己将来的就业找到更多的机会，有更好的发展。

5.用沟通来疏导前进的道路——沟通交流能力

人人都需要相互交流感情与信息，不沟通会造成信息的堵塞，人际关系易出现沟通"短路"。大多数学生因为年轻，有的时候办事处世比较热血冲动，有的时候因为沟通不及时而发生一连串的误解、矛盾。良好的沟通能促进彼此的了解与理解，人们之间的误会很多时候来自于不沟通或听信第三人的话。

无论是在生活中还是在工作中，时常有一些人特别爱做"闷葫芦"，老爱让别人猜测他的想法和心思，要么就是"茶壶煮饺子——满肚子的货倒不出来"。这些人都很难做出自己想做的事，因为缺少了有效沟通这一个环节，人就很难到达自己的目的。沟通的终极目标就是达到我们的目的，尽管目的因人、因事、因时而异，但良好的沟通是任何时候、任何场合、任何事情所必需的。

良好的沟通对于大学生就业来说也是必不可少的，和老师沟通、和同学沟通、和用人单位沟通……沟通交流能力是学生应该具备的通用能力之一。

(三)直面就业:把握机遇,带着细心和自信出击

当学生们习得了相关的专业知识也用多种能力武装了自身踌躇满志地准备踏上求职的道路时,请千万不要忘记带上这样一种创新能力和社会适应能力。在经历了金融危机的今天,就业竞争越发的激烈;大学毕业生的求职路上会遇到各种棘手的难题,这个时候,大学生应该充分运用你们的创新能力,解决各种难题,更快的适应社会。

在这一节里,我们通过一些小故事来看看别人是怎么成功的,希望大家能从中有所体会。

1.机会只留给有准备的人

机会是每个人都有的,但是如果你没有准备去迎接它,就可能与之失之交臂。

英国有个青年,从小在街上卖报,后来在书店和印刷厂当了7年工人。在这段时间里,他读了很多书,对科学研究产生了兴趣。后来他听说英国皇家学院要为戴维教授选拔科研助手,便去选拔委员会报名。一位委员听说他是个装订工人,便嘲笑说:"你是不是头脑发热了?"

年轻人又来到戴维教授的大门口,在门前徘徊了很久,终于鼓起勇气敲响了门。教授微笑着说:"门没有闩,请进来吧。"

"教授家的大门整天都不闩吗?"年轻人疑惑不解地问。

教授笑着说:"当你把别人关在门外的时候,也就把自己关在了屋里。"

教授听了年轻人的述说和要求后,写了一张纸条递给他说:"你告诉那帮人,就说戴维教授同意你报名考试。"

经过激烈的选拔考试,这位装订工人出人意料地成了戴维教授的实验室助手。这个年轻人就是后来发明了第一台感应发电机,并发现电解定律的法拉第。

机遇是随机出现的、影响我们成功与否的偶然因素,但有时又起着决定性的作用。很多人认为自己之所以没有成功,就是缺少像成功者那样的机遇。尽管机遇从其本身来看,并不是一个能够人为地加以控制的东西,但这并不意味着我们就不能主动去把握一些机遇,迎接幸运的到来。

手机营销公司招聘销售总监一职,老李、大伟、小张一同前去应聘。招聘的结果是小张获得了这一职位,得知自己落选的老李、大伟都深感意外,因为他俩都是手机行业的销售高手,曾经各自为自己所在的公司创下过辉煌的销售纪录,至今无人能及。而小张呢,刚刚毕业工作不久,没有什么骄人的业绩。于是,他们俩带着这个疑问去拜访了手机营销公司的主考官。

"的确,论营销从业经验和团队合作精神,小张远远比不上你们俩,但针对手机销售总监这一职位,应聘时他比你们俩的准备要充分得多。毕竟,你们成功的经验只能代表过去,小张对这一职位的准备则预示着未来。"主考官说完这番话后,老李和大伟两人都恍然大悟。

这一则故事给了人们非常重要的启示,使人们懂得了"不打无准备之仗"这个道理。每一个人在做任何工作之前,都应做好周全的准备,这样才能牢牢抓住每一个细小的机会,从而战胜对手,摘取成功的果实。

李畅是一个幸运的女孩,她生活在一个幸福的家庭。爸爸是一个有名的内科医生,妈妈是一名大学教授。她的家庭对他有很大的帮助和支持,她完全有机会实现自己的理想。李畅自念中学之时就一直把做一名电视节目主持人当做自己的理想。她

觉得自己有这方面的能力。她常常对自己说："只要有人愿给我一次主持机会，我相信我一定能成功。"

但是，她并没有为实现自己的这一理想做出任何努力。她只是在等待奇迹的出现，希望一下子就能当上电视节目主持人。

另一名叫尤晶的女孩却实现了和李畅一样的理想，成为了著名的电视节目主持人。尤晶之所以会成功，就是因为她相信："天下没有免费的午餐，一切成功都要靠自己的努力去争取。"她不像李畅那样有可靠的经济来源，所以没有被动地等待机会的出现。她白天去做工，晚上在舞台艺术系上夜校。

毕业之后，她开始找工作，跑遍了她所在城市的每一个广播电台和电视台，但是每个台的经理对她的答复都差不多："不是已经有几年经验的人，我们是不会雇佣的。"

但是，尤晶不愿意退缩，也没有等待机会，而是走出去寻找机会。她一连几个月仔细阅读广播电视方面的杂志，最后终于看到一则招聘广告：有一家很小的电视台招聘一名能播报天气预报的女孩子。

她抓住了这个机会，她在那里工作了两年，又在一个大的电台找到了工作，五年后，她终于得到了提升，成为她梦想已久的节目主持人。

为什么李畅失败了，而尤晶却如愿以偿呢？

李畅那种失败者的思路和尤晶这种成功者的观点正好背道而驰。分歧点就是：李畅一直停留在幻想上，坐等机会，期望时来运转，然而，时光却流失了。而尤晶则是采取行动，她充实了自己，然后在电视台受到了训练，积累了成功的经验，最后终于实现了自己的理想。

失败者谈起别人获得的成功，总会愤愤不平地说："他成功主要是凭运气好，赶上了好机会。"他们不采取行动，总是等待着有一天他们会走运。他们把成功看做是降临在"幸运儿"头上的偶然事情。而成功者耽误不起这些时间，他们忙于解决问题，忙于勤奋工作，忙于把事情做好，忙于如何生气勃勃和乐观的对待一切。他们知道，只有这样，才能得到幸运和机会的垂青。

成功取决于两点：第一是要有好的机会，第二是已做好准备利用机会。人生对大多数人都是公平的，它给了大家一样的机会，但人生又是不公平的，因为它只把机会留给有准备的人。人生最重要的不是所处的位置，而是所朝的方向。任何偶然的成功，其实都有必然的基础，这个基础就是堂堂正正地做人，踏踏实实地做事。机会只留给有准备的人，因此在成功之前，你必须学会踏踏实实、认认真真地做一些事。

2.挫折的另一面就是机遇

在遇到挫折时，我们应当把自己当成强者，并把挫折当成一种机遇。

有一个男孩在报上看到应征启事，正好是适合他的工作。第二天早上，当他准时前往应征地点时，发现应征地点已排了 20 个男孩。

如果换成另一个意志薄弱、不太聪明的男孩，可能会因此而打退堂鼓。但是这个小伙子却完全不一样。他认为自己应该动动脑筋，运用自身的智慧想办法解决困难。他不往消极面思考，而是认真思考，看看是否有办法解决。

他拿出一张纸，写了几行字，然后走出行列，并要求后面的男孩为他保留位子。他走到负责招聘的女秘书面前，很有礼貌地说："小姐，请你把这张纸交给老板，这件事很重要。谢谢你！"这位秘书对他的印象很深刻，因为他看起来文质彬彬，有一股强有力的吸引力，令人难以忘记。所以，她将这张纸交给了老板。

老板打开纸条，见上面写着这样一句话："先生，我是排在第21号的男孩。请不要在见到我之前做出任何决定。"

结果可想而知，任何一位老板都会喜欢这种在遇到困难时开动脑筋寻找解决办法的员工。

求职路上，随时都可能面临各种各样的机遇。有的机遇比较容易认识并抓住，但有些机遇却不那么容易为人们所认识。挫折，就是一种容易被人忽视和放弃的机遇。

凡是成就一番大事业，担当大使命的人，都要经历常人体会不到的挫折和磨难。面对挫折一味地抱怨和叹息是没有用的，因为，困难和挫折绝不会由于人们对它畏惧而有丝毫改变，成功也绝不会怜惜那些甘居平庸的懦夫。只有以一种积极的态度，把挫折当做一种机遇，在挫折中奋起拼搏才会顺利到达成功。

为什么说挫折是一种机遇呢？

★挫折是磨炼意志、增强毅力的契机

有的人把挫折看成是一种失败、一种灾难，一遇挫折就陷入焦虑、忧愁、痛苦甚至绝望中无法自拔。经不起挫折的考验和磨炼，只能在阳关大道上顺利前进，不善于越过坎坷战胜挫折，就会失去磨炼意志、增强毅力的难得契机，也难以成就事业赢得成功。生活的强者，总是坦然地面对挫折，冷静地分析挫折的成因，自觉地以乐观向上的态度、坚定不移的信心以及顽强不屈的意志和毅力去战胜挫折，使人生获得一次超越。

★挫折是重整旗鼓、走向成功的转机

挫折既是一个人努力的终结，又是重新崛起的开始。经过挫折的提醒，人们就会自觉地调整目标，重新聚集力量，开始新的拼搏。从这个意义上讲，挫折不过是人生的一次转折，而转折无疑是一种机遇。有的人遭受挫折之后，虽然也作了一番痛苦的反思，总结出一些教训，但没有抓住挫折提供的人生转机积极调整目标，继续奋斗，而是迟滞了前进的步伐，使自己的潜能没有最大限度地发掘出来，使本来可以取得的成功胎死腹中，这不能说不是人生的一大遗憾。

★挫折是总结教训、吸取经验的良机

人们常说："吃一堑，长一智。"聪明的人懂得怎样从挫折中学习对自己有用的东西，并能很快地走出失败的阴影，继续向目标前进。而另一些人总是不断回想自己的挫折，甚至将自己曾经有过的成功也一概加以否定。就这样，当别人都早忘了自己的挫折，并从中吸取经验时，他们却仍然不肯原谅自己。成功学大师拿破仑·希尔认为，一个人曾经遇到过多少挫折和磨难并不重要，重要的是能不能从每一次失败中吸取教训，并把挫折看成是走向成功的良机。

人的一生，总有机遇，也有挫折。抓住机遇，见机行事，就会成功；坐失良机，就与成功无缘。有的人"受挫即折，每挫必折"，有的人"遇挫不折，越挫越勇"。结果自然成败立见，优劣分明。

生活中，工作中，谁都难免遇到这样那样的挫折，经历这样那样的打击。挫折的另一面蕴藏着机遇。我们要学会"适应"，要学会把挫折和打击转化成动力。这是一种心态，也是一种"技巧"。驯服了挫折，你就能抓住机遇。在挫折面前，我们要充分利用自己的时间和已有的能力，多学习知识，多积累经验。经过不懈努力，你就能学会通向成功之路技巧。

3.善于把握最佳的时机

在做事情前，善于识别时机，抓住时机，是一种莫大的智慧。

海龟和海星各自有一颗美丽的珍珠。他俩商量好由海龟拿着这两颗珍珠到矮人国去，想在那里卖个好价钱。可海龟到了矮人国后，无论是皇后还是村妇，没有一个人正眼瞧那两颗珍珠一眼，就更别说买了。海龟沮丧地带着珍珠又回到了东海。

海星见珍珠没有卖掉，便决定由自己带着再去一次矮人国。没过几天海星便带着大把钞票回到了东海。

"你是怎么把珍珠卖掉的?"海龟吃惊地问。

"很简单，我抓住了一个最佳时机。"海星回答道。

原来，海星到了矮人国后了解到，矮人国是一个崇尚俭朴的国家。上至皇后，下到平民百姓，都节俭过日，海星因此也甚是失望。但就在他决定无功而返时，却突然得知第二天是皇后60大寿，即将举国同庆。

于是，海星灵机一动，决定抓住这个机会再努力一次。

第二天，海星带着两颗珍珠来到了皇宫，并对国王说："我知道你们举国崇尚俭朴，连皇后也不例外。国王今天何不买下这两颗珍珠给皇后，一来为她祝寿，二来表彰皇后节俭的品德呢?"

"啊，这真是个好主意，皇后的确应该得到这样的赏赐。"本来心情极佳的国王听海星这么一说，立即用巨款买下了那两颗珍珠。

海星之所以能成功，就是因为他抓住了最恰当的时机。

机遇总是有的，问题在于你能不能发现它，抓住它。机遇也是稍纵即逝的，你不及时住它，就会与它失之交臂，后悔莫及。培根说过："机会老人先给你送上他的头发，当你因没有抓住而后悔时，就只能摸到他的秃头了；或者说它先给你一个可以抓的瓶颈，你不及时抓住，再得到的就是抓不住的瓶身了。"

在人生的旅途中要特别注意发现机遇，珍惜机遇。有了好机遇，就要及时抓住它，运用它。苏格拉底说："最有希望的成功者，并不是才干出众的，而是那些最善于利用每一个时机去发掘开拓的人。"这位智人的话值得我们细细品味。

把握机遇还是坐失良机，会造就不同的人生命运。在人生的某个阶段，可能遇上特别有利的机遇，抓住这种机遇就可以改变自己的处境，开辟美好的前程；如果放弃有利的机遇，时过境迁以后再干，就要付出加倍的代价，甚至要遗憾终生。

一些失败者的口头禅总是"我没有机会。"他们总是为自己的失败找借口，好职位也总是让他人捷足先登。而那些头脑清醒的人则绝不会找这样的借口。他们善于寻找机会，并善于抓住哪怕是一个微小的机会，从而让自己登上成功的舞台。一个人要想在生活中获得成功，除了要受良好的教育和本身具有充沛的精力外，还有一件事更为重要——看准时机。

有一个人乘坐一艘木船去航行。一天，他走到甲板上，看到一名船员正沿着绳子往上面的乌鸦巢爬去。当他爬到一半的时候，船突然倾向，他被甩到了船外。

落水后，他开始一边尖叫呼救，一边疯狂地用力拍打着胳膊，拼命求生。就在那时，旅行者看到一名水手走到船舷边上，平静地观察在水里拼命挣扎的船员。

船员挣扎了一会儿，累了，开始往下沉。这时候，一直站在船舷边上密切注视落水船员的水手立即跳出船外，去救正在下沉的船员。等两人都平安地回到船上后，旅行者走到水手身边,问道:“你为什么要等那么久才跳入水中救他?”

水手平静地回答:“做了多年的水手,我早就发现,当落水的人在水中拼命挣扎的时候,我如果立刻跳入水中去救他,那他把我们两个人都拖入水中溺死的可能性是非常大的。我还知道最好让他挣扎一会儿,把自己的力气都消耗完,那时候才是我跳下水去救他的最佳时机。”

把握住好时机,不仅会让成功的可能性增大,而且也会达到事半功倍的效果。如果一个人能学会在时机来临之前识别它,在时机溜走之前采取行动,生活中的难题就会迎刃而解。那些曾经遭受挫折的人,面对残酷的现实总是一味的沮丧,却不曾意识到,他们不断努力却总是失败的原因就是没有选择恰当的时机。

把握最佳时机,是成功的关键。当然,做事并不需要把握所有的时机,如果十个机会你抓住了一个,你就可能成为成功者。

4.细节决定成败——创新能力

一个不想做小事的人,纵然有再远大的理想,也永远不可能实现。

美国汽车大亨福特大学毕业后,去一家汽车公司应聘。和他同时应聘的三四个人都比他学历高,当前面几个人面试之后,他觉得自己没有什么希望了。但既来之,则安之。他敲门走进董事长办公室,他发现门口的地上有一张纸,便弯腰捡了起来,发现是一张废纸,便顺手把它扔进纸篓里,然后才走到董事长的办公桌前,说:“我是来应聘的福特。”

董事长说:“很好,很好!福特先生,你已被我们录用了。”福特惊讶地说:“董事长,我觉得前几位都比我好,你怎么把我录用了?”董事长说:“福特先生,前面三位的学历的确比你高,且仪表堂堂,但是他们眼睛只能看见大事,而看不见小事。我认为像你这样能看见小事的人,将来自然能看到大事。一个只能看见大事的人,他会忽略很多小事,他是不会成功的。所以,我才录用你。”

福特就这样进了这个公司,不久这个公司就扬名天下。福特把这个公司改名为“福特公司”,也相应地改变了整个美国的汽车经营状况。福特是幸运的。他的幸运不仅在于自己遇到了慧眼识英才的总裁,更在于他对每一件小事都有一种认真的精神。

也许你会说:“我目标高远,立志要干出一番大事业。”有这样的雄心壮志固然好,但在工作中,要认真地做好每一件小事,因为眼前的小事或许正是将来成就伟业的幼苗和基石。一个连小事都不愿意做的人,他是不可能做成大事的。

在日常生活中,我们经常会听到一些这样的感慨:“我很想做成一件大事,让父母和老师对我刮目相看。可是我的运气不好,一直也没碰到什么重大的事情,使我的才能得不到发挥。”其实,事无大小。大事都是由一件件小事堆积起来的。

一位经理决定在樊刚和王凯两个人之间选择一个人做自己的助理,为了体现民主和公平,经理决定由全体员工投票选举。投票结果出人意料:樊刚和王凯的票数竟然相同。经理犯难了,决定亲自对俩人进行一番考察,然后再做决定。

一天,经理在餐厅吃饭。用餐时,他看见樊刚吃过饭后,把餐盘都送到了清洗间,而王凯吃完后一抹嘴巴,把餐盘推到了餐桌的一边,然后起身走了。

又有一天,经理很随意地走进樊刚的办公室,只见樊刚正在做下个月的销售计划,就问他:“你每个月都亲自做销售计划吗?为什么不让下面分店的负责人做?”

樊刚说:“我每次都是自己做销售计划,这样我既能从总体上把握,也能做到心中有数。再说，这样的小事，我觉得也没有必要麻烦分店的负责人。”经理又走进王凯的办公室，王凯正在看一份销售计划。经过询问，经理得知王凯看的销售计划是由分店的负责人做的。他认为这是小事，而他只想负责大事。

第二天，经理宣布樊刚为自己的助理。

樊刚之所以能当上经理助理，主要得益于他不放过任何一件小事，不小看任何一件小事，并且认真地做好每一件小事。

不过对于小事，很多人都不愿意去做，但成功者与一般人最大的不同就是他愿意做其他人不愿意做的事情。一般人都不愿意付出这样的代价，可是成功者愿意，因为他渴望成功。

因此，一个人要想做成大事，取得成功，就要从身边的小事做起。例如，在公司里，假如同事们不愿意弯腰拣起地上的一枚别针，你就拣起来；别的同事不愿意去尝试一项新工作，你要乐于接受；别的同事不愿意去条件艰苦的地方开拓业务，你要勇敢地去，并把事情做到最好。

其实，小事不小，做小事虽然只是举手之劳，可就是在你一举手、一投足之间，就能体现出你的细心、敬业和与众不同。

另外，古人有一句话：“勿以恶小而为之，勿以善小而不为。”的确是这样，任何成功都是从小善做起的，任何失败都是由小恶铸成的。一件事看似不起眼，但却能反映一个人的素质，也有可能决定一个人的命运。

一天，葛林去一家公司应聘营销经理。他一路闯关，从 100 多位应聘者中杀出，终获总裁召见。他飘飘然地走进总裁办公室，总裁不在，只有一位年轻漂亮的女秘书洋溢着一脸微笑，对他说：“先生，总裁让你给他打个电话。”

葛林掏出手机，拨了一串号码。但就在这时，他看见办公桌上有两部电话，就拿起桌上的电话拨通总裁的电话。总裁在那端兴奋地说：“小葛啊，欢迎你加盟本公司。"他高兴得心花怒放，第一个反应就是要将这个好消息与他的女友分享。他刚拿起电话就犹豫了，女友在国外，这可是长途啊！但他又想大公司不会在乎这么点电话费的。于是就用公司电话和女友通了话。

恰在这时，另一部电话响起。

“对不起，小葛，刚才我的话宣布作废。通过 DVP 监控，你没能闯过最后一关，实在抱歉……”总裁在电话里温和地对他说。

“为什么？”葛林呆呆地问。

女秘书惋惜地摇摇头，叹道：“唉，许多人和你一样，都忽略了一个微小的细节。还没有成为公司的正式员工就用公司电话打私人电话，而自己身上明明有手机。你干吗不用自己的手机呢？”

这可能就是忽视细节付出的代价。看不到细节，或者不把细节当回事的人，对工作也可能缺乏认真的态度。而考虑到细节、注重细节的人，不仅会认真对待工作，将小事做细，而且注重在做事的细节中找到机会，从而使自己走上成功之路。

“泰山不拒细壤，故能成其高；江海不择细流，故能就其深。”所以，大礼不辞小让，细节决定成败。想做大事的人很多，但愿意把小事做细的人很少。世上不缺少雄韬伟略的战略家，缺少的是精益求精的执行者；不缺少各类管理规章制度，缺少的是对规章条款不折不扣的执行者。所以，我们必须改变心浮气躁、浅尝辄止的毛病，注重细节、把事情做细才能离成功更进一步。

5.发挥自己最大的潜能——社会适应能力

人的身体素质潜能不可限量,人的心脑智慧潜能更是巨大无比。人的学习、记忆、认识潜能,人的创造力潜能,思维精神、文化素质的潜能等等都是心脑潜能的具体表现。

发明家爱迪生小时候曾被老师认为愚笨而失去了正规的学校教育。可是,他在母亲的帮助下,经过独特的心脑潜能的开发,成为世界上最著名的发明大王,一生完成了2000多种发明创造。他在留声机、电灯、电话、有声电影等许多项目上进行了开创性的实验,从根本上改善了人类生活的质量。他是人的创造力潜能,即人的心脑潜能得到较好开发的一个典型。

人的潜能是无穷的,我们每个人都有巨大的潜能。在生活和工作中,很多事不是"能不能",而是"要不要"。只要我们知道自己真正想要的是什么,放手去做,全力以赴,充分发挥自己的潜能,就能做到自己想做的事情。

人的潜能是巨大的,关键是看能否被激发出来。有些时候我们并不缺少干好工作的能力,而是缺少敢想敢干的信心和勇气。莎士比亚曾说:"一个人的心灵如果受到鼓舞,即使器官已经萎缩,也会从沉沉的麻痹中振作起来,重新开始活动,像蜕了皮的蛇一样获得新生的力量。信心对于我们而言,就像燃油之于轮船,航标之于海员。拥有信心,就能激发出前进的动力和开拓创新的潜力。"

(四)不断地激励和塑造自己

每一个人在为目标奋斗的过程中,不断地激励自己是必不可少的一项内容。当高职学生完成了自己三年的大学学业,当我们运用自己的专业知识和职业通用能力为自己找到了满意的工作之后,仍然需要不断地激励自己前进,这时候的激励,更多的是一种主观行为,是一种内心的自我暗示。人生的路上充满了阻力,当我们一身伤痕地摔倒在地时,能够拯救我们的,唯有我们自身。当我们不断地激励自己,不断地为自己的心灵加油时,我们的内心便会油然而生一种崭新而强大的力量。这种力量能支持着我们,推动着我们努力向上走,直至到达人生的顶峰。

当我们因为成长的疼痛而却步时、当我们迷茫地暂时迷失了前路时、当我们因疲惫而困倦时,停下来,休息一会并试试下面几个方法,让它们帮助你塑造那个梦寐以求的自我。

★调高目标

真正能激励你奋发向上的是一个既宏伟又具体的远大目标。许多人惊奇地发现他们之所以达不到自己孜孜以求的目标,是因为他们的主要目标太小,而且太模糊,这使自己失去了主动力。如果你的主要目标不能激发你的想象力,目标的实现就会遥遥无期。清晰地规划目标是人生走向成功的第一步,但塑造自我却不仅限于规划和调高目标。要真正塑造自我和自己想要的生活,我们必须奋起行动。莎士比亚说得好:"行动胜过雄辩。"

★充满快乐

多数人认为,一旦达到某个目标,人们就会感到身心舒畅。但问题是你可能永远都达不到目标。把快乐建立在还不曾拥有的事情上,无异于剥夺自己创造快乐的权力。记住,快乐是你的权利。我们要保持良好的感觉,使自己在塑造自我的整个旅途中充满快乐,而不要再等到成功的最后一刻才去感受属于自己的欢乐。

★正视危机

危机能激发我们竭尽全力。无视这种现象,我们往往会愚蠢地创造一种舒适的生活方式,使自己生活得风平浪静。当然,我们不必坐等危机或悲剧的到来,从内心挑战自我是生命力的源泉。

★加强紧迫感

阿耐斯曾写道:“沉溺生活的人没有死的恐惧。”自以为长命百岁无益于我们享受人生。然而,大多数人对此视而不见,假装自己会绵延无绝。唯有心血来潮的那天,我们才会筹划大事业,将我的梦想寄托在丹尼斯称之为“虚幻岛”的汪洋大海之中。其实,直到死亡未必要等到生命耗尽时的那一刻。事实上,如果能逼真地想象我们的弥留之际,会物极必反产生一种再生的紧迫感觉,这是塑造自我的重要一步。

★迎接恐惧

世上最秘而不宣的体验是,战胜恐惧后迎来的是某种安全有益的东西。哪怕克服的是小小的恐惧,也会增强你对创造自己生活能力的信心。如果一味避开恐惧,它们会像疯狗一样对你穷追不舍。此时,最可怕的莫过于双眼一闭假装它们不存在。

★不要害怕拒绝

不要消极接受别人的拒绝,而要积极面对。当你的要求落空时,不妨把这种拒绝当做一个问题:“自己能不能更多一点创意呢?不要轻易打退堂鼓,应该让这种拒绝激励你更大的创造力。

★加强排练

先“排演”一场比你要面对的局面更复杂的战斗。如果手上有棘手活而自己又犹豫不决,不妨挑件更难的事先做。成功的真谛是:对自己越苛刻,生活对你越宽容;对自己越宽容,生活对你越苛刻。

★精工细笔

创造自我,如绘巨幅画一样,不要怕精工细笔。如果把自己当做一幅正在描绘中的杰作,你就会乐于从细微处做改变。一件小事做得与众不同,也会令你兴奋不已。

★结交益友

你所交往的人会改变你的生活。对于那些不支持你目标的“朋友”要敬而远之。结交那些希望你快乐和成功的人,你在人生的路上将获得更多益处。同乐观的人为伴能让我们看到更多的希望。

★敢于竞争

竞争给了我们宝贵的经验,无论你多么出色,总会人外有人,所以你需要学会谦虚。在竞争中,使自己更深地认识自己,战胜自己,战胜别人。不管在哪里,都要参与竞争,而且要怀着快乐的心情。这样的竞争才有意义的。

★尽量放松

接受挑战后,要尽量放松。在脑电波开始平和你的中枢神经系统时,你可感受到自己的内在动力在不断增加,你很快会知道自己有何收获。自己能做的事,不必祈求上天赐予你力量,放松可以产生迎接挑战的勇气。

★经常反省

经常反省对于我们每个人来说都是重要的。自我反省是提升自己、完善自己最好的方法。人生的棋局该由自己来摆,不要从别人身上找寻。

★保持愉悦

人开心的时候，体内就会发生奇妙的变化，从而获得新的动力和力量。但是，不要总想在自身之外寻开心。令你开心的事不在别处，就在你身上。找出自身情绪高涨期，用来不断激励自己，可以收到很好的效果。

三、如何从就业的竞争中脱颖而出

大学生专业素质与专业能力，直接反映出高等教育"产品"适合或切合国家、社会、用人单位等需要的程度，是影响大学生就业结果的最重要因素之一。

(一)发掘更多的就业信息

很多毕业生在面临就业问题的时候会表现出一种空白的状态，在很多企业急需一些应用型人才的同时，部分毕业生不清楚用人单位的用人需求。这样的一种就业的机会就被浪费。世界正在成为一个巨大的信息交流场，就业信息获得的渠道很多，毕业生应该充分的应用自己的信息应用能力尽可能多的发掘一些对自己有用的就业信息。

大学毕业生就业信息获得渠道主要有：

1.学校组织的供需见面会、招聘会以及供需信息交流活动等。

目前，学校在面对学生就业时常常"走出去"，会有目标地去一些单位"推荐"毕业生，"请进来"邀用人单位了解其需求，广泛发出联系需要毕业生的单位。毕业生在校的时候可以尽可能地多关注学校的新动向，多和老师交流，让老师知道自己的就业动向，毕竟大学生活中，老师对学生能力有一定的了解和认识，在清楚学生能力和就业意向时，学校才能更好地向用人单位推荐最适合的人才。

2.通过报刊、杂志以及广播电视和网络获取社会需求信息。现代社会信息流通非常迅速，网络上更有多样的人才交流网，大学生就业服务信息网等。用人单位会把招聘信息、用人需求发布出来，社会各界组织的多种企业用人见面会和双选会等多种多样的信息都能够直接而快捷地流通开来，毕业生可以通过以上的方式最为方便快捷地掌握就业信息。

3.合理利用人脉。亲朋好友、师兄师姐、同学导师等人脉，这些都是毕业生的资源，别放过任何一个机会，能够内部推荐固然很好，即使只能获得一些职位信息也是很好的。学生在求学期间更可以通过教学实习活动、社会实践能力了解社会需求，并在实习期间和上级、同事搞好关系，人脉也是获得就业信息的好方法。

(二)如何用简历完美地展现自己

在找工作的过程中，求职简历就是个人广告，用人单位选不选用就从你的个人简历开始如何利用有限的空间展现自己，脱颖而出，引起"考官"的注意，毕业生需要通过简历来展示自己的经历和能力，让简历告诉用人单位我做过什么，我能做什么。

简历就是用最简练的语言概括你的工作经验，用最简练的方式向用人单位介绍你自己。首先要做到的是基本信息的简练：可在首页上端填写你的基本信息，包括姓名、性别、出生年月日、户籍、常住址、毕业学校、专业、所获主要证书等。

★找准定位

这是一份简历的支点。不可否认，现在的应聘者一专多能。可是很多人定位不准确，缺乏对自己和自己所期望职位的真正认识。光有感觉是不够的，什么都可干却什么都不突出。能力、期望混为一谈，会造成应聘筛选中的极度困难。

★及早准备

一般说来，三年级上学期的时间比较充裕，就应当充分利用，尽早准备好自己的简历。而且，从十一、十二月起，学校里就开始有招聘活动。早准备也便意味着有更多的机会。在同用人单位双选的过程中，还可以不断寻找自己的闪光点，及时更新和改进自己的简历。甚至可以在投递简历之前，及时了解用人单位的用人需求，企业文化等多方面的信息，投其所好，有针对性的修改自己简历，以便增加成功的几率。

★言简意赅

用人单位都喜欢讲求效率，因而没有必要将自己的简历编成厚厚的一本。整个简历的“简练”，也就是含量要“少而精”。通常，招聘人员第一步要做的就是从厚厚的几百封应聘书中挑选出基本符合要求的人。精力有限，每次进行首轮筛选，他们往往无暇顾及你的“长篇大论”。为此，在书写应聘函时，特别是应届毕业生，完全没有必要把应聘函拼凑成长达十几页的“小册子”作简单的自我介绍，讲清楚实质内容即可，诸如小学在哪里上的就无需说明了。需要写的内容大致有：姓名、年龄、性别、教育经历、工作经历、获得过的证书、简单自我介绍和想要应聘的职位。

★突出重点

学习经历和实习经历是简历中尤为重要的一部分。一般情况下学生在校的成绩不能准确地说明学生在校的情况，但是用人单位却能从成绩单中找出学生的情况，比如说学习能力或者学习态度等等。另外，在校期间的表现，如是否担任学生干部，有无组织过学校活动等也是用人单位寻找学生能力的方式。学生实习的经历也是学生在校期间能力体现的一个方面。最好去过大公司实习，当然这种机会一般要自己去找，能够找到也是个人能力的一种体现。同时，各种证书在求职中，也有一定的分量。通过这些经历或是证书要体现出自己除了学业之外的其他能力。

★注意细节

简练是形式的简练而非在制作简历时的粗心大意，简历的格式、页眉部分、纸与字体，这些虽属细枝末节，但同样值得关注。处理得好，有时也会引起意想不到的效果。在制作简历时需注意以下几点：

1.打印的层次分明；每一段落的标题可加粗；倘若你写有一手好字，建议用钢笔而非打印稿。

2.附上你的近照，可清晰地复印在应聘书首页右上角，但忌用艺术照。

3.忌随意“拍胸脯”。主要表现为“喊口号”“说大话”“表忠心”，如“天生我材必有用！”“给我一根杠杆，我将撬起整个地球！”“你给我一个机会，我给你我的全部！”等等。

古代兵法有云：“知己知彼，百战不殆。”求职应聘也一样。所谓知己，就是你要对自己有充分的认识，包括你的优点、你的缺点，你不同于别人的特点，你应聘这个岗位所具备的优势。只有对自己充分了解，你才能真正展示最好的一面给用人单位。

在对自己分析透彻后，可以根据常见的问题做些有针对性的准备。如“请讲讲你大学时代最成功或最得意的一件事”是经常问的一个问题。针对这个问题，你可以建立个人成功案例资料库。自我介绍是必不可少的环节，准备好一段说辞，熟悉到中英文都能流利表达。

所谓知彼,也就是要收集应聘公司及职位的信息。你要调查公司所处行业的情况、公司在行业内所处的地位、市场发展、核心业务、竞争对手、管理风格、企业文化。你可以通过企业网站、媒体报道等渠道获取信息。还可以通过学长学姐了解你所应聘岗位的工作内容、要求。只有了解这些,你才知道公司到底要什么样的人,你是否合适,你应该如何表现,让对方知道你就是他们要的人。

有时候有创意的简历也能够成功地让人脱颖而出。如今严峻的就业形势众所周知,大量大学生根本找不到工作,很多求职者自认为是有技能和才干的,只是没有找到恰当有效地呈现自己和表达自己技能的方式,西安理工大学毕业生马文的《仿惠普自我推荐广告》视频中,一个黑衣人在跳跃的音乐背景中,用双手潇洒做出各种手势:凭空拖拽出电影海报、像赌王一样将照片撒得天花乱坠、剪刀手将两棵树剪成两个电影人物……从李安和王家卫,从周星驰到姜文,正当人们被星爷的经典台词"其实,我是个演员"逗乐时,视频的旁白这才道出作者的真正目的,"其实,我是个求职者……我的理想是做一名广告设计师或电影工作者。"最后,视频下方出现了马文的联系方式。

这份纯熟运用三维软件的简历创意地表达了马文的专业特长与个人信息、直观地展示了他对自己的创意的自信。从 4 月 1 日上传到优酷网至今,点击率高达 200 万,被上万人转载发表,网友跟评难以计数,被网友们一致推评为"最牛视频简历"。的确,这段视频求职简历完美地展现了马文的创意和能力,所以视频上传一个月之后,他收到了数十家公司的邀请,马文现在已经在广州找到了一份满意的工作,目前正在北京受训。不过,马文视频中留下的邮箱每天还能收到不少用人单位的邮件。

创意是创造出来的,不是被简单复制出来的,马文的视频简历大获成功,给了人们很多启发,所以只有充分的运用自己各方面的能力,你就能用简历完美地展现自己。

(三)如何在面试中一击即中

面试是整个求职过程中最重要的阶段。成败均决定于你面试时的短短一瞬间的表现。很多毕业生学习方面比较优秀却仍然获得"面霸"称号,这样的学生往往在面试时出现过以下两个问题。

一是过分看重自己的利益,很少为他人着想。如今绝大多数大学毕业生都是独生子女,从小到大一直是家庭中的"小皇帝",时间一长便自然而然地形成了自我为中心的意识,什么事情首先想到自己的利益,不善于合作,不顾及他人的立场。譬如在面试中,一些学生只想着"将来我能拿多少钱,能接受什么培训,能享受哪些福利?"而不是先考虑"我能为公司做些什么,创造什么价值?"再如,在小组讨论中,一些学生认为,只要抢到了发言机会,能够把自己的实力表现出来,就能获得成功,于是处处抢先,不给其他成员机会,甚至有意给别人制造难堪。这种表现的学生常常会遭到淘汰。

二是不够积极主动,喜欢守株待兔。一些毕业生在遇到问题时,不能积极主动地寻找解决方法,而是逃避或等待救援,解决问题的能力和经验都欠缺。比如,有的学生明知就业竞争激烈,却不愿意早一些走出象牙塔,多接触社会了解市场,结果等到离开校门了还不知如何安排自己的前程。还有一些毕业生甚至不知道简历的书写要方便他人阅读,不知道面试不能迟到,不明白穿着要得体。

以上两点说明了学生通用职业能力培养不够,因为现在用人单位除了对毕业生学习能力有要求之外对于以下三种能力也有较高的要求:

1.沟通表达能力。即便是招聘技术职位,所有公司也无一例外地强调要具备"良好的沟通能力”。不懂得与他人沟通协调，只知道自顾自的人，不可能获得他人的认可，在工作中会举步维艰。

2.分析、创新能力。很多大公司的价值观里都有“创新”这一条。他们青睐的是既有很强执行能力，又善于独立思考，能不断地寻找更好的方式方法，不断创新的人。呆板、按部就班的人不受大公司欢迎。

3.团队合作能力。包括善于与团队其他人沟通协调，能扮演适当的角色，勇于承担责任，乐于助人，保持团队的融洽等等。越来越多的公司意识到团队合作精神的重要性，而不喜欢单枪匹马的“孤胆英雄”。

所以毕业生在面试时应该灵活运用并展现自己以上几种能力，使自己在面试中一击即中。首先，要让用人单位知道你的目标是什么。经过调查，除了学习成绩好，老师推荐这些必备条件之外，大学毕业时有一个目标，并能描述下来的人，成功率非常高。其次，简历要写得很好，能够流利地表达出为什么要加入这家公司，并显示出对这份工作足够的渴望。沟通和自我表达技能对于每个找工作的人来说是最重要的，一定要表现出对工作的渴望。

在面试过程中，面试官对应聘者第一印象的重视程度非同一般。面试官往往是从第一印象的“感性”开始来判断一个人的。而面试中，对应聘者的喜欢和讨厌，是与面试考官的主观因素直接相关的。一般来讲，大部分人对“印象”的好与坏的评价，都有一个比较一致的认识：爽朗、健康而有活力、精神饱满、干劲十足、泼辣等，这些充满奋进向上气息的表现都将给人留下良好的印象。反之，如果给人留下奸猾、弱不禁风、忧虑重重等，那么相信大部分人不会喜欢。大家不要刻意地去追求好印象。但是，要在头脑里清楚，给人留下什么样的印象将会对自己有利，并要努力使自己的表现向这方面靠近，这很重要。下面是面试时的几点建议：

1.要想在面试过程中脱颖而出，有以下七条建议

(1)对想要加入的公司进行调查研究，并对它所处的行业了解。

(2)对于这家公司的竞争对手了解，并发现它为什么成功。

(3)为什么加入这家公司，它的吸引力何在？

(4)准备一些很好的问题向考官提问，让他清楚你对公司是了解的。

(5)主动申请获得工作，说明自己的能力和贡献。

(6)非常关注面试后下一步的进展，询问何时能接到通知。

(7)表现出足够的自信和感恩，在面试后感谢在面试中帮助过你的人，并谢谢用人单位给自己这样一次机会。

2.集体面试时的技巧方式问题

许多企业因为考虑到人的主观性，大都会在第一或第二次面谈时，采用集体面试的方式。

所谓集体面试是指由一位以上的面试官，同时出席对应征者的考察。这种方式，可以避免个别面试官的偏颇主观，经由综合全部面试官的结论，对应征者产生较客观公正的评价。

因为各个面试官的专业领域不同，他们各自有一块负责提问的范围。所以当应征者突然看到这个阵仗，因为没有事先的心理准备，就得要同时揣摩各个面试官的喜好，这时很多人就会先心生胆怯，阵脚大乱了。

其实目前很多公司,在征求候备干部、副经理、经理等以上的职位时,都采用集体面试了。所以各位求职者,要先有心理准备面对集体面试的挑战,那要如何准备呢?

(1)注意礼貌。进场面对各个面试官时,最好能够逐一趋前握手致意。若办不到的话,至少要以眼神逐一扫过,同时配合微微地鞠躬或点头打招呼。

(2)以现场的环境或自身的特征,大声地以一句幽默或与众不同的自我介绍作开场白,再联结出你的特质或应征动机等。

因为现场有一群应征者与你一同做集体面试,之前准备的一分钟自我介绍稿就可能不适用了;你得另花心思想几句与众不同的开场白,好好地把握这短短的 15 秒,尽量让自己脱颖而出。

(3)确实了解这份工作的要求条件。

不管有多少的面试官在场,问了多少条问题,绕了多大的圈子,最终结果就是要选出最适工的人才。所以只要抓住“最适工性”的大原则来发挥,你就不会脑袋一片空白了。

(4) 迅速分辨主面试官。

说得通俗些,就是“擒贼先擒王”的道理。判断谁是主面试官,不能单从衣着好坏,谁问的多少来判断。有些主面试官更是会选择低调地从头到尾,冷眼旁观,不发一语。

如果说简历可以让用人单位了解你的话,那么一次好的面试就可以使自己的形象在用人单位的心目中变得立体,只有相信自己,相信自己的能力,带着自信出发,真实诚恳的回答考官提出的问题,充分的展示自己的能力就离成功更近一步。

(四)如何在面试失败后再出发

很多毕业生在面试屡屡失败时丧失信心,而在有的时候面试失败并不等于真的失去了就业的机会,在选用人才的时候用人单位的原则是:没有人是十全十美的,只要不断提高自己的意识,同时具备相关的能力,这就是个人才。所以在面试失败之后,要做的不是沮丧而应该充分发挥自身解决问题的能力,发现自己的不足在哪里,分析自己为什么失败。比如面试没有表现出自己真实的水平,还是自己有需要丰富的知识。

如果是因为自己硬件方面的原因,或者工作经历不够,那么尽快把短补上,或者考虑应该去面试合适自己目前状况的单位和职位。如果因为用人单位的企业文化和自己的理念有差异而不录用你,但也要告诉面试考官这应该是个性方面问题,很难在短时间内有变化,但还是要表达自己的谢意,感谢他们给予你面试的时间,同时向考官请教自己在此次面试中的不足或者是需要提高的地方,明白自己的不足加以克服,让自己有所进步,也为自己留一个好的印象,为自己留一条后路。

如果自己真的很喜欢这个公司,在面试失败后你还可以表明自己希望到该单位工作的意愿,表明自己会努力改进,并尽可能的留下自己的联系方式和用人单位的联系方式以便在事后再尝试和负责人联系获得再次面试的机会。

无论准备得何等充分,几乎所有的毕业生都要面对第一次面试失败的打击。笼统地说,“失败是成功之母”,失败后应该尽可能地调整心态,从积极的角度看待一次的挫折。也许某次的失败不一定就是马上提升能力的契机,但是哪怕可以让你更客观清楚地认识自己,分析出不足和下次待改进的方面,那么相信,成功离你不远了。

主要参考文献

[1]王宏,熊丙奇,田磊.直面就业.上海:上海交通大学出版,2003
[2]李开复.做最好的自己.北京:人民出版社,2005
[3]Robert D Lock,钟谷兰译.把握你的职业方向.北京:中国轻工业出版社,2006
[4]袁岳,孙虹钢.职场名家对话职场7方面.北京:机械工业出版社,2006
[5]毕淑敏.心灵七游戏.北京:北京十月文艺出版社,2004
[6]张大均.教育心理学. 北京:人民教育出版社,2005
[7]张云.学习化社会中大学生社会适应能力的培养.教育与社会,2008(11)
[8]雷霞.贫困学生社会适应能力的培养.中国青年研究,2008(08)
[9]张海涛等.从社会化和个性化的关系看大学生的社会适应.科技信息,2008(15)
[10]马征杰.关于大学生素质教育切入点的思考.教育与职业,2008(35)
[11]何建军.卓越团队 9×9 训练.成都:四川大学出版社,2007
[12]葛亮.大雁精神.北京:华夏出版社,2008
[13]商台萍.青年素质拓展.重庆:西南师范大学出版社,2005
[14]阚雅玲,张强.大学生成功素质训练.北京:机械工业出版社,2007
[15]卢婷婷,赵琼.我的大学:大学生入学必读.北京:新华出版社,2008
[16]李才俊.大学生创新能力培养新探.重庆:重庆出版社,2006
[17]余伟.创新能力培养与应用.北京:北京航空工业出版社, 2008
[18]张涛.创业教育.北京:机械工业出版社, 2007
[19]李开复.做最好的创新.青年文摘.2009(12)
[20]冯伟国,徐静镠.职能力培养目标模式初探.教育发展研究,2002(11)
[21]李怀康.职业核心能力开发报告高等职业教育.天津职业大学学报,2007(1)
[22]邓泽民,侯金柱.职业教育教材设计.北京:中国铁道出版社,2006
[23]姜大源.当代德国职业教育主流教学思想研究——理论、实践与创新.北京:清华大学出版社,2007
[24]吴雪萍.国际职业技术教育研究.杭州:浙江大学出版社,2004
[25]石伟平.比较职业技术教育.上海:华东师范大学出版社,2001
[26]欧阳河等.职业教育基本问题研究.北京:教育科学出版社,2006
[27]石伟平.时代特征与职业教育创新.上海:上海教育出版社,2004
[28]马庆发.重构职业教育课程——基于哲学的思考.中国职业技术教育,2006(1)
[29]徐静镠.以就业为导向的高职课程改革思路.教育发展研究,2004(6)
[30]袁振国.中国高等教育研究新进展.上海:华东师范大学出版社,2002
[31]教育部.2007年全国教育事业发展统计公报.中国教育报,2008-05-05
[32]教育部.全国教育事业发展统计公报.http://www.edcn.cn/e21sqlimg/html_temple/2007—06—08/article_18076.htm,2007-06-08
[33]上海教育考试院.本市2007年普通高校秋季招生工作圆满、顺利结束.http://61.129.121.26/node2/node5/node373/node473/userobject1ai11571.html,2007-

08-18

[34]高宝立.职业人文教育论.新华文摘,2007(18)

[35]教育部高教司.必由之路:高等职业教育产学研结合操作指南.北京:高等教育出版社,2004

[36]黄中益.论职业素质教育中的三大关系.中国职业技术教育,1999(2)

[37]韦进.培养高职学生职业能力的几点思考.中国高教研究,2007(5)

[38]张敏强.大学生职业规划与就业指导.广州:广东高等教育出版社.2005.9

[39]高宏,许朝辉.以能力培养为核心,高职院校职业能力培养现状分析与研究.职业技术教育论坛,2008

[40]滕绍娟.以能力培养为核心,开创高等职业教育特色发展之路.商业经济,2007(3)

[41]冯晓光.高职人才培养模式的转变.教育发展研究,2002(9)

[42]刘连青.BTEC课程教学实践与回顾中国职业技术教育,2001(11)

[43]张述勇.通用能力与实训课程.中国职业技术教育,2000(10)

[44]王大悟.论旅游高等教育与旅游高级人才的培养.桂林旅游高等专科学校学报,1999(增刊)

[45]黄祐.试论高职学生的一般职业能力的培养和锻炼.广西师范学院学报(哲学社会科学版),2004(6).

[46]王仁清.职业技术教育应注重学生综合职业能力的培养.教育与职业,2004(28)

[47]高秀兰,刘春梅.职业教育中学生职业能力的培养.职业教育,2007(3)

[48]刘志红.提高学生职业能力的高职人才培养模式探索.长沙民政职业技术学院学报.2005(4)

[49]孙海燕,刘伯奎.口才训练十五讲(2)北京:北京大学出版社.2004

[50]钱佳奇.演讲与口才.合肥:安徽大学出版社,2006

[51]方位津,实用口才训练教程.北京:首都经济贸易大学出版社,2004

[52]唐树芝.演讲语言技巧与实践.长沙:湖南师范大学出版社,2003

[53]胡强.口才训练的理论与实践.江苏经贸职业技术学院学报,1999(1)

[54]邵博学.教育中的"共处"主题.天津市教科院学报,2006(3)

[55]杨思凡.宏观视野下的经典教育著作.吉林广播大学学报,2006(2)

[56]卢家楣.对情绪智力概念的探讨.心理科学,2005(5)

[57]贾小明.对马斯洛需求理论的科学再反思.现代管理科学,2004(6)

[58]许传新.大学生宿舍人际关系质量研究.当代青年研究,2005(4)

[59]董圣鸿.大学生学业成就与人际关系成败归因的特点研究.心理科学,2002(3)

[60]毛小玲.大学生宿舍人际关系的特点.中国心理卫生杂志,2005(7)

[61]朱海林.大学生班级人际关系浅析.教育与职业,2006(11)

[62] 李谦.现代沟通学.北京:经济科学出版社,2002

[63]张长青.浅谈大学生的人际交往与沟通能力培养.山东大学威海分校报,2006(9)